O MILAGRE DE GUADALUPE

FRANCIS JOHNSTON

O MILAGRE
DE GUADALUPE

Tradução de José Machado Braga

COORDENAÇÃO EDITORIAL: Elizabeth dos Santos Reis
COPIDESQUE: Leila C. Dinis Fernandes
REVISÃO: Ana Lúcia de Castro Leite
DIAGRAMAÇÃO: Simone A. Ramos de Godoy
CAPA: Gilberto César
ILUSTRAÇÃO DA CAPA: José Roberto Leite

Título original: *El Milagro de Guadalupe*
Copyright © Francis Johnston

Dados Internacionais de Catalogação na Publicação (CIP)
(Câmara Brasileira do Livro, SP, Brasil)

Johnston, Francis
O Milagre de Guadalupe / Francis Johnston; tradução José Machado Braga. – Aparecida, SP: Editora Santuário, 2005.

Título original: El Milagro de Guadalupe
Bibliografia.
ISBN 85-7200-996-5

1. Maria, Virgem Santa – Aparições e milagres 2. Maria, Virgem Santa – Culto 3. Nossa Senhora de Guadalupe – História I. Título.

05-3283   CDD-232.91

Índices para catálogo sistemático:
1. Nossa Senhora de Guadalupe: Culto: História
232.91

6ª impressão

Todos os direitos reservados à **EDITORA SANTUÁRIO** – 2025

Rua Pe. Claro Monteiro, 342 – 12570-045 – Aparecida-SP
Tel.: 12 3104-2000 – Televendas: 0800 - 0 16 00 04
www.editorasantuario.com.br
vendas@editorasantuario.com.br

*"Apareceu um grande sinal no céu:
uma Mulher vestida de sol, com a lua debaixo dos pés e,
na cabeça, uma coroa de doze estrelas..."*
(Ap 12,1)

SUMÁRIO

Apresentação 9

Prefácio do Autor 11

I. A conquista do México 17

II. As aparições em Tepeyac 33

III. A conversão dos astecas 65

IV. As bases históricas de Guadalupe 83

V. O desenvolvimento do culto 97

VI. A era moderna 123

VII. O veredicto da Ciência 141

Resumo cronológico dos acontecimentos 165

Anexo 169

Bibliografia 175

APRESENTAÇÃO

Tenho o grato dever de iniciar esta apresentação com meus sinceros agradecimentos.

Primeiramente, a Deus, por ter permitido que me chegasse às mãos este precioso livro, que trata de uma das grandes maravilhas ocorridas na História da Humanidade! Essa bondade de Deus me fez conhecer melhor o Milagre de Guadalupe e, consequentemente, aumentar meu amor à "Mãe da Misericórdia", como também a confiança que nos pede em seu Perpétuo Socorro. Fez-me ainda reconhecer, mais claramente, os meios divinos de que Deus se serve para o bem da Humanidade, escolhendo, no caso, um indígena humilde, mas santo. Aliás, o primeiro habitante desta América Latina cuja santidade foi reconhecida pela Igreja Católica.

Agradecer também com muito reconhecimento ao Sr. John Grepe F., Diretor Geral da "Editorial Verdad Y Vida, S.A. de C.V.", da Cidade de México, D.F., México, ter tido a gentileza de me presentear com este volume, enviando-o, de lá, da Cidade da Padroeira do México e da América Latina, a mim, um dos milhões de devotos de Nossa Senhora, sob o título de Aparecida, por feliz coincidência, natural e residente nesta Cidade da Padroeira do Brasil.

Agradecer ainda, muito penhoradamente, à Sra. Joyce Johnston, residente na Inglaterra, viúva do feliz Autor deste livro, Sr. Francis Johnston, no dizer do editor da edição espanhola, "un ingles devoto de la Virgen", que, historiador, muito pesquisou e estudou a história guadalupana.

Agradecer à Sra. Johnston a bondade de me ter dado licença para publicar esta obra, em Português, aqui no Brasil.

Procurei traduzir ao pé da letra e ser fiel ao texto espanhol, o mais possível. Inclusive, quanto ao título, cujo original é "The Wonder of Guadalupe", que a tradutora para o espanhol preferiu denominar de "El Milagro de Guadalupe", o que não deixa de ter sentido, pois todo milagre que Deus opera é, de fato, grande maravilha de sua bondade, de sua graça e poder!

Quanto ao topônimo "México", não devemos nos esquecer de que há a "Ciudad de México", a Capital, e o México, o País. Por isso, alterna-se o emprego, ou não, do "artigo o", quando, pelo texto, se refere à Cidade ou ao País.

Não conheço o original inglês desta obra e, por isso, não posso avaliar como e quando a tradutora para o espanhol se afasta ou diverge do original. É certo que cada idioma tem suas particularidades, suas características e seus fenômenos línguísticos, suas construções sintáticas e gramaticais, seus idiomatismos, enfim!

Por isso, às vezes podem ocorrer mesmo algumas pequenas diferenças, inclusive em minha tradução do Espanhol, como o podem, também, entre o Inglês e o Espanhol.

Mas isso não tira, de modo algum, o mérito das traduções, nem tira a fidelidade ao texto original e, aproveitando-me das próprias palavras do editor da edição espanhola, digo, com ele, que "estamos seguros de que este livro causará grande alegria e satisfação a todos os que o lerem" – mesmo em suas traduções –, "e que fará muito bem, nesta época tão carente de fé e cheia de confusões e incertezas!"

José Machado Braga
Aparecida, SP, Páscoa de 1999

 10

PREFÁCIO DO AUTOR

Permanece como um dos grandes paradoxos de nossos tempos o fato de que, enquanto a crença na existência de Deus parece estar em descenso geral, provavelmente, nunca antes na História tenha havido evidência tão concreta, cientificamente demonstrada, de sua Realidade.

A mesma tecnologia que tem negado a existência de um Ser Supremo tem servido para confirmá-la, de acordo com as muitas investigações e observações, concluídas sob as exigências mais rigorosas que pode impor a ciência moderna.

Para citar alguns exemplos recentes: a confirmação médica de curas instantâneas, de enfermidades terminais, contrárias a todas as leis científicas conhecidas, que ocorrem em Lourdes, em Fátima, em Banneux e em alguns outros Santuários; o corpo incorrupto de São Charbel Makhlouf, o grande Santo da Missa, que continua transpirando sangue e água, 83 anos após sua morte, o que tem sido confirmado pela Ciência Médica; o extraordinário milagre eucarístico, em Lanciano, que também foi confirmado por renomados cientistas, em 1971, depois de uma exaustiva investigação; e os tediosos treze anos e meio da Serva de Deus, Alexandrina da Costa (1942-1955), que as autoridades médicas, do mais alto gabarito, certificaram que subsiste, unicamente com a Eucaristia, fato "cientificamente inexplicável".

Este livro relata outro desses prodígios – a sagrada imagem da Virgem Maria, em Guadalupe, Cidade de México, e sua origem sobrenatural, demonstrada cientificamente na década dos anos 60.

Aqui se realizou uma minuciosa e atualizada recomposição desse maravilhoso relato, à luz da História e da Ciência moderna, já que é relativamente pouco o que se conhece das assombrosas descobertas, em anos recentes, sobre a sagrada imagem.

Como material de referência, apoiei-me, em grande parte, no livro sobre esse tema, de Fr. Lee, publicado em 1896 que, além de ser excelente, é fácil de se entender, graças a suas numerosas referências a volumes espanhóis de centenas de anos antes, os quais indiquei, neste livro, como fontes de investigações.

Da mesma forma, utilizei-me da maioria dos livros que aparecem na bibliografia.

Para que este trabalho proporcionasse uma perspectiva dos anos da década de 1980, analisei muito material novo, incluindo as recentes experiências sobre as imagens no olho da sagrada pintura, realizadas por uma das maiores autoridades em estudos sobre Guadalupe, o Dr. C. Wahlig, O.D., da Cidade de Nova York; a investigação de 1979, com raios infravermelhos, da sagrada imagem, realizada pelo Professor Philip Callahan, da Universidade da Flórida, e pelo Professor Jody Smith, de Pensacola, Flórida, e, particularmente, nos escritos de Fr. Bruno Bonner-Eymard, reconhecido na França como autoridade em estudos sobre a Virgem e que, em outubro de 1980, refutou brilhantemente as objeções assacadas contra Guadalupe por certos intelectuais agnósticos.

Ao escrever o diálogo do Grande Acontecimento de 1531, tratei de seguir, tão fielmente quanto me fosse possível, a sequência das aparições, se bem que, em certas passagens, tomei a liberdade de criação e de expressão livre, esboçando as reflexões interiores que tiveram Juan Diego e o Bispo Zumárraga, para dar maior realismo a essas pessoas, hoje, historicamente distantes. Do mesmo modo, corrigi, em várias oportunidades, a tradução original da história, realizada por Dom Valeriano, com a intenção de lhe dar um sentido contemporâneo e mais significativo.

Uma das razões de maior importância, pelas quais escrevi este livro, é a existência de uma interpretação pejorativa, altamente sustentada, de que o Culto a Nossa Senhora de Guadalupe ou, mais particularmente, a Nossa Senhora das Américas prende-se, exclusivamente, ao Novo Mundo; já que Ela apareceu no centro geográfico das Américas, em 1531, na época em que se estavam colonizando essas vastas regiões, proclamando-se, a si mesma, como "sua Mãe de Misericórdia, a Mãe de todos aqueles que vivem unidos nesta terra".

Todavia, devemos dar-nos conta de que Ela também se anunciou como a Mãe de Misericórdia, "de toda a humanidade, de todos aqueles que me amam, de todos aqueles que choram, de todos aqueles que confiam em mim..."

É minha profunda esperança de que este livro ajudará a corrigir esse infeliz mal-entendido e atrair um crescente número de novos devotos a seus amorosos braços. Os mesmos braços que, um dia, carregaram o Cristo e que chegaram a nós, desde os céus de Fátima, em 1917, oferecendo salvar-nos de uma catástrofe, com a única condição de tomá-los, com amor filial e fiel, e com confiança, aceitando sua mensagem de oração e penitência.

Este livro, que escrevi, em parte, passando por um momento de profunda avaliação pessoal, é um tributo ao poder de apoio que emitem esses braços maternos, aos quais nunca eu consegui expressar a gratidão que sinto.

Do mesmo modo, este livro deve ajudar a convencer o leitor de que a única imagem verdadeira, existente da Mãe de Deus, é *O Retrato Sagrado de Nossa Senhora*, na Cidade de México, o equivalente, se me permitem expressá-lo, do Santo Sudário de Turim.

Francis Johnston
12 de janeiro de 1981

I
A CONQUISTA DO MÉXICO

A história de Guadalupe começa, realmente, com a chegada ao México das forças espanholas, em 1519, sob as ordens de seu notável e brilhante comandante, o Capitão Hernando Cortés. À medida que os soldados penetravam no vasto interior desse país, atravessando arenosos desertos, enormes e verdes planícies, riscadas por escarpadas montanhas, profundos desfiladeiros e faiscantes rios, ficavam surpreendidos ante o alto nível cultural alcançado pela civilização asteca. Em muitos aspectos, os estandartes dos astecas muito se assemelhavam aos dos espanhóis.

O país, com cerca de dez milhões de habitantes, estava dividido em 38 províncias, povoadas por várias tribos, que haviam sido dominadas e incorporadas ao império asteca. Cada província estava sob o comando de um governador e esses dignitários, juntamente com os nobres principais, que sob as ordens do Imperador, em Tenochtitlan (que se tornou a Cidade de México, depois da conquista espanhola), controlavam o exército, arrecadavam impostos e dirigiam o intercâmbio comercial.

Havia experientes matemáticos, astrônomos, arquitetos, físicos, filósofos, artesãos e artistas e, além disso, o sistema judicial mostrava uma notável semelhança com o existente em muitos países europeus. A educação se iniciava em uma idade muito tenra, embora a leitura e a escrita estivessem limitadas a um sistema pictórico, semelhante aos antigos hieróglifos egípcios.

Apesar desses impressionantes avanços, os astecas estavam surpreendentemente atrasados em alguns campos do conhecimento. Desconheciam as leis físicas que haviam sido demonstradas pelos gregos, 2.000 anos antes. Seus matemáticos não tinham conhecimento sobre a ciência experimental. Tampouco estavam familiarizados com a roda, com o arado ou com o arco estrutural.

Em geral, as aldeias astecas eram construídas ao redor de um templo de pedra, de forma piramidal, no qual realizavam suas cerimônias religiosas. Em um lugar próximo, encontrava-se uma grande praça, na qual se faziam reuniões comunais e se concentrava o mercado, invariavelmente rodeado por residências suntuosas, de pedra, pertencentes à classe alta, com cômodos espaçosos e pátios interiores. Em algumas aldeias, os espanhóis encontraram construções edificadas em plataformas de madeira, elevadas, como proteção contra inundações. Os arredores da cidade eram habitados, em sua maioria, pelas classes baixas e suas casas eram construídas com tetos de palha, paredes de varas cobertas com lodo e não tinham janelas. Nessa época, já existiam várias cidades, densamente povoadas, no país; somente a cidade de Tenochtitlan contava com 300.000 habitantes.

Como muitas nações contemporâneas da Europa e da Ásia, os astecas desenvolveram um rígido sistema de castas. O nível mais alto era formado pelo Imperador, pelos nobres mais importantes, pelos principais sacerdotes e pelos juízes. Depois vinham os nobres de menor estirpe, que serviam como administradores. Abaixo destes, encontravam-se os cidadãos que equivaliam a nossa atual classe média e constituíam a maior parte da população. Em seguida vinham os trabalhadores braçais e os muito pobres e, no final da escala social, estavam os escravos.

A principal atividade do país era a agricultura, e o milho era a lavoura mais importante, havendo outras de menor importância, como a do feijão, a do tomate e a cultura de várias frutas, além do algodão e do tabaco. A plantação de uma espécie de cacto ("el maguey") era muito valorizada, pois que dessa planta se tiravam muitos produtos úteis. Fermetavam sua seiva e produziam uma bebida parecida com a cerveja ("pulque"), transformavam seus espinhos em agulhas e retorciam suas fibras para fabricarem cordas ou entretecê--las para se obter um material próprio para vestir.

Devido à importância básica que tinham o milho e esse tipo de cacto para a economia asteca, essas plantas eram adoradas por eles como deusas.

Essa civilização, aparentemente avançada, estava tragicamente ofuscada por uma religião que se submergia nos excessos da mais baixa superstição. Os rituais astecas nasceram da crença naquelas forças naturais que beneficiavam os seres humanos e rechassavam as que lhes eram prejudiciais.

A maioria dessas forças, tais como o sol, a chuva, o vento, o fogo e outras, eram personalizadas como deuses e deusas, e os ídolos dessas deidades eram adorados nos templos piramidais.

Os astecas se sentiam obrigados a oferecer a seus deuses sacrifícios humanos, já para atenuar calamidades físicas, tais como as pestes e os terremotos, já para evitar alguma desgraça. Por exemplo: já que os astecas se consideravam "a raça do sol", sentiam-se impulsionados a oferecer a essa divindade certa quantidade de sangue humano, pelo temor de que ele deixasse de aparecer no horizonte.

As vítimas desses sacrifícios eram, frequentemente, os escravos ou os prisioneiros de guerra e o método de imolá-

-los era extrema e absolutamente aterrorizante. O sacrifício era realizado por sacerdotes vestidos de negro e com cabelos longos, os quais, cantando, arrancavam o coração das vítimas e praticavam, ainda, outros horrores piores, que nem podem ser expressos com palavras. As matanças eram levadas a cabo, com uma frequência considerável e, em muitas ocasiões, em um só dia, realizavam-se milhares de sacrifícios, já que o desespero de não satisfazer os deuses transformava-se em uma loucura que os levava, coletivamente, ao massacre.

Essa hecatombe sangrenta era, na realidade, uma horrível inversão do sacrifício cristão, pois nela o sangue derramado pelas vítimas era espalhado, para resgatar a vida de um deus, e a contínua realização desses sacrifícios humanos transformava-se em um dever solene para o bem-estar do povo.

Os sacrifícios se realizavam nos grandes templos de pedra, de cada aldeia ou de cada cidade.

O deus mais importante era Quetzalcoatl, a serpente emplumada, a quem dedicavam, em cada ano, muitos sacrifícios. Curiosamente, esse nome se aplicava também a um grande profeta que, supostamente, apareceu num passado nebuloso e pregou uma história da cristandade que, gradualmente, chegou a entremear-se com princípios de paganismo. Acreditava-se que esse profeta regressaria, algum dia, para redimir a sociedade asteca.

Outro deus que vale mencionar entre os deuses principais era o deus da guerra, Huitzilopochtli. Construiu-se na aldeia de Tlatelolco, nas cercanias de Tenochtitlan, um pavoroso templo em sua honra, onde os espanhóis encontraram um verdadeiro cemitério sepulcral. Durante a inauguração desse templo, em 1487 e sob o governo do Imperador asteca Auitzotl, foram sacrificados em seus altares aproximadamente 20.000 guerreiros, para apaziguar essa monstruosa divindade.

Coincidentemente, a localização desse edifício representou um importante papel, quando a mão saneadora da Cristandade começou a expandir-se nessas terras.

Cabeça de Quetzalcoatl
A serpente emplumada

Huitzilopochtli
Deus da guerra do sol

Coatlicue
Mãe de Huitzilopochtli

Em vista do que aconteceria mais tarde, vale a pena mencionar aqui a grande deusa-mãe, Tonantzin, cujo templo esteve, um dia, no topo de uma pequena colina chamada Tepeyac, cerca de 10km ao norte de Tenochtitlan. Uma estátua dessa deusa encontra-se no Museu de Antropologia da Cidade de México.

Do mesmo modo que os ídolos de outras divindades, no mesmo Museu, Tonantzin apresenta um semblante de sofrimento impenetrável, a partir de seus olhos sem vida, como se estivesse em luto perpétuo pela própria matança de seus filhos.

Mesmo o ídolo do deus da alegria, Xochipilli, tem uma expressão de profunda desolação. Não sem razão, os missionários espanhóis que chegaram a essas terras, depois dos conquistadores, referiram-se a essa crença como a indicação de uma existência satânica.

Tonantzin
Deusa mãe

Xochipili
Deusa do prazer

Durante a invasão espanhola, o Imperador do México era o grande Moctezuma II (Moctezuma Xocoyotzin), que havia ascendido ao trono, em 1503.

Moctezuma era um filósofo e muito supersticioso, inclinado a bruxarias e com tendências a reinar com uma violenta tirania. As tribos subjugadas pelo Império estavam extremamente revoltadas com seu governo cruel e, frequentemente, surgiam rebeliões.

Entretanto, a sombria natureza de Moctezuma abrigava também um profundo respeito pelas profecias e predições, as quais pareciam multiplicar-se ao tomar conhecimento dos estranhos barcos que eram vistos, ao longe, no mar. Com profunda preocupação e tristeza, escutou os preságios de seus adivinhos que afirmavam que seu Império seria, eventualmente, derrotado por homens brancos que viriam através do oceano.

Penacho de Moctezuma II Xocoyotzin
Imperador do México

Em 1509, a irmã de Moctezuma, a Princesa Papantzin, teve um sonho extraordinário que, aparentemente, influenciou decisivamente sobre o supersticioso Imperador.

Nesse ano, a Princesa ficou gravemente enferma e entrou em coma. Pensando que ela estava morta, os mexicanos a enterraram em uma tumba, mas, tão logo o haviam feito, surpreenderam-se ao escutar seus gritos, pedindo para ser libertada do ataúde.

Depois de recuperar-se, ela relatou um sonho profundo que acabara de ter.

No sonho, um ser luminoso a levava para a beira de um vasto oceano e, enquanto ela contemplava o mar, materializaram-se vários barcos, com cruzes negras em suas velas, que eram iguais à que seu guia ostentava, na frente de todos.

Então a Princesa foi informada de que esses barcos traziam homens de uma terra distante, que conquistariam o país e dariam aos astecas o conhecimento do verdadeiro Deus.

Moctezuma, intranquilo, acreditou adivinhar nesse sonho a ruína de seu Império e, possivelmente, o destino do México foi selado anos antes que os primeiros soldados espanhóis, com suas brilhantes armaduras, pisassem a terra, ao descer de seus galeões ancorados.

Os mexicanos se atemorizavam com os estrondos dos canhões e dos mosquetões, assim como com as extraordinárias táticas de batalhas de que se utilizavam os conquistadores espanhóis.

Sua cavalaria se mostrava invencível, para um povo que jamais havia visto um cavalo. Para assegurar-se de que os soldados brancos eram, realmente, os que sua irmã havia visto em seu sonho, Moctezuma fez com que lhe trouxessem um dos cascos dos barcos espanhóis e pôde comprovar, por si mesmo, que estava adornado, na proa, com a fatídica cruz negra.

Reuniu-se com seus nobres e, depois de uma resolução que os dividia, decidiram tentar subornar Cortés com suntuosos presentes.

Nesse meio tempo, as forças espanholas já haviam encontrado um grande número de tribos que detestava o governo de ferro asteca e que desejava, até mesmo, ser derrotado.

Rapidamente Cortés se fez dono da situação e prometeu ajudá-los, se unissem suas forças às dele.

Logo, um grande exército de espanhóis e mexicanos marchava, através do pedregoso país, para Technotitlan. Depois de cada vitória, persuadiam os inimigos para que unissem forças a eles, em sua marcha sobre a capital asteca.

Moctezuma se deu conta de que a balança do destino se inclinava, inexoravelmente, contra ele, e que sua única opção era esperar a chegada de Cortés e negociar com ele um acordo.

Os espanhóis e seus aliados indígenas avançavam, cuidadosamente, conscientes da reputação de traidor que tinha Moctezuma. Do mesmo modo, Cortés observava, com muita cautela, seus novos aliados, já que não podia estar totalmente seguro de sua lealdade.

Nessa época, Technotitlan era rodeada por grandes lagos e tinha três avenidas, como vias de acesso. Diaz del Castilho, um dos espanhóis que vieram com Cortés, deixou-nos, por escrito, um relato sobre a primeira vez em que os conquistadores contemplaram a fabulosa capital de Moctezuma:

"Observando tão maravilhoso espetáculo, não sabíamos

se aquilo que aparecia ante nossos olhos era real, já que, na terra, havia grandes cidades e, no lago, também muitas outras, e ele estava também cheio de barcos, e, nas avenidas, havia várias pontes espaçosas e, na frente, levantava-se a grande Cidade de México, e nós, os espanhóis,... não somávamos mais que 400 soldados".

Tenochtitlan

As praias da ilha estavam rodeadas de vegetação, com casas brancas, jardins e pátios. A própria metrópole era entretecida por muitos canais, sobre os quais atravessavam pontes, algo semelhante a Veneza de agora, enquanto que eram poucas as ruas e os logradouros. Templos enormes se elevavam para os céus, como pirâmides truncadas, palácios dourados e majestosos edifícios públicos se projetavam para o alto, orgulhosos, entre os mercados, os zoológicos e aviários e jardins de flores coloridas. Os espanhóis ficaram maravilhados pelo esplendor externo desse ponto alto da civilização asteca.

No dia 8 de novembro de 1519, em uma pomposa cerimônia, Cortés conheceu Moctezuma, com a presença de seus nobres e grandes chefes. Um clima de desconfiança cobria esse encontro; Moctezuma havia planejado que os espanhóis fossem hospedados em um dos mais suntuosos palácios da cidade. Por vários dias, as negociações eram levadas a cabo e tudo parecia evoluir corretamente.

Cortés e seus homens, porém, estavam plenamente conscientes de sua vulnerabilidade. Com uma palavra de Moctezuma, os espanhóis poderiam ser aniquilados nos estreitos limites da cidade, na qual não havia espaço para se desvencilharem dos milhares de soldados astecas.

Rapidamente, a desconfiança se transformou em inimizade e os espanhóis decidiram que a melhor forma de defesa era tomar a iniciativa. Para assegurar a autoridade espanhola e eliminar a influência do Imperador, Cortés prendeu Moctezuma, mantendo-o como seu refém. A reação do povo foi de grande cólera e uma exasperada convocação às armas.

Uma catástrofe parecia iminente.

Em momento tão crítico, Cortés recebeu uma mensagem que dizia que um de seus comandantes, na costa, havia se amotinado. Acompanhado por um pequeno grupo de homens, a cavalo, deixou a cidade, para reprimir a sublevação. Durante sua ausência, a população de Tenochtitlan, irada, levantou-se contra os espanhóis.

Cortés regressou, quando a luta ia em seu ponto mais alto, mais acesa e, depois de uma batalha desesperada, durante a qual Moctezuma foi assassinado, os espanhóis, penosamente, conseguiram escapar da cidade. Muitos de seus homens morreram na batalha ou foram sacrificados nos templos astecas.

Cortés, porém, ainda não havia terminado. Reagrupou seu exército exausto e, fortemente reforçado por seus aliados indígenas, finalmente triunfou, tomando a cidade, com rajadas de disparos de canhões. O império asteca se desintegrou rapidamente e, como consequência, o México foi incorporado à coroa espanhola. Cortés começou, então, o monumental trabalho de transformar a cultura asteca, com séculos de história antiga, em uma cultura europeia.

Uma das primeiras medidas do conquistador foi a demolição dos templos sangrentos, edificando em seu lugar igrejas católicas. O belo e grandioso templo da serpente emplumada, Quetzalcoatl, foi substituído por uma igreja chamada Igreja de Santiago de Tlatelolco, que iria desempenhar um papel muito significativo nos acontecimentos a seguir. Os missionários percorreram o país, abrindo igrejas, escolas e hospitais, mas as profundas raízes do paganismo pareciam muito difíceis de serem erradicadas, tanto que eram muito poucas as conversões do Cristianismo.

Em 1524, Cortés partiu para Honduras e, durante sua ausência, seu sucessor levantou calúnias contra ele, junto ao Imperador da Espanha, Carlos V. Contudo, achou-se praticamente impotente para sustentar a inconstante situação do país e, em 1528, foi substituído por cinco administradores, conhecidos como o "Primeiro Tribunal" e foi quando Cortés voltou à Espanha, para limpar seu nome e receber as merecidas honras devidas a um general vitorioso.

Para contestar a autoridade do "Primeiro Tribunal" e para proteger o povo mexicano contra os abusos cometidos pelos conquistadores, Carlos V decidiu nomear um Bispo para o país, outorgando-lhe consideráveis poderes. Depois de uma cuidadosa escolha, elegeu o Prior Zumárraga, do Mosteiro Franciscano de Abrojo, na Espanha, um sacerdote que o havia impressionado muito durante um retiro, do qual havia participado, na Semana Santa de 1527.

O Imperador havia oferecido uma boa quantidade de dinheiro ao Prior, que a aceitou, não sem antes protestar. Imediatamente o distribuiu entre os pobres da região. Em dezembro de 1528, o Prior Juan de Zumárraga foi nomeado Primeiro Bispo do Novo Mundo e foi enviado ao México, antes mesmo de sua sagração formal.

Ao chegar ao país, o novo bispo trabalhou zelosamente e sem descanso, para a evangelização e bem-estar social do México. Era um homem de considerável cultura, piedoso e com numerosas e variadas qualidades em sua função e a quem El Greco, em suas pinturas, expostas no Museu Nacional de Arqueologia da Cidade de México, retratou como um homem erudito digno e um asceta.

Logo, Zumárraga se lançou contra o crescente despotismo do "Primeiro Tribunal". Trouxe para o Continente a primeira Imprensa, importou da Europa árvores frutíferas, desconhecidas, para melhorar o regime alimentar dos mexicanos, fez acordos para o estabelecimento de espanhóis, experientes em agricultura, com o objetivo de modernizar o sistema das lavouras dos nativos e introduziu os métodos de produção têxtil do Velho Mundo.

O bispo Zumárraga também fundou muitas escolas, inclusive o Colégio de Santa Cruz, em Tlatelolco, perto da Cidade de México, ao qual nos referiremos mais adiante, e abriu caminho para a fundação da primeira universidade no país, agora a maior do mundo, com cerca de 90.000 estudantes.

A maior preocupação de Zumárraga era o bem-estar espiritual dos mexicanos. Persuadiu a Igreja da Espanha, para que enviasse muitos missionários, e fomentou a preparação de clérigos nativos nos seminários que havia fundado. Todavia, as raízes do paganismo estavam seriamente implantadas na alma dos astecas e, à grande maioria dos mexicanos, repugnava abandonar a antiga adoração aos ídolos e os batismos eram poucos e muito raros. Juntando-se a todas as dificuldades que os missionários já enfrentavam, o "Primeiro Tribunal" estava dominado por dom Nuno de Guzmão, que havia adquirido uma reputação de tirania e crueldade, no exercício do poder que lhe havia confiado o distante Carlos V.

Gusmão justificava seu severo regime, alegando que os astecas eram seres sem alma, semelhantes aos monstros das antigas lendas e, por isso, era uma perda de tempo tentar evangelizá-los, já que podiam ser legitimamente explorados. Entretanto, os missionários insistiam, dizendo que, já que os indígenas eram seres dotados de razão, podiam ser filhos de Deus, através do batismo e, portanto, tinham todo o direito de serem tratados com respeito.

As persistentes denúncias de Zumárraga não surtiram efeito. Muitos cidadãos inocentes foram torturados e assassinados pela ganância de seus governantes e, quando o bispo protestou, com toda a firmeza, vários de seus frades foram perseguidos por Gusmão, que se sentia suficientemente poderoso para ameaçar até o próprio bispo Zumárraga. A severa perseguição de que o bispo foi alvo, como consequência de seus infatigáveis esforços para defender os direitos dos indígenas, ajuda-nos a compreender seu relativo silêncio, com respeito ao dramático acontecimento que estava para ser levado a cabo. "A perseguição que se realiza contra os monges e os clérigos pelo presidente e por seus juizes" – escreveu – "é pior que as de Herodes e Diocleciano".

Finalmente, o bispo organizou as queixas para fugir das severas censuras de Gusmão e enviou para a Espanha uma mensagem a Carlos V, dentro de um crucifixo oco. Imediatamente o Imperador substituiu Gusmão e seus juízes por um "Segundo Tribunal", encabeçado por um homem de absoluta integridade, o bispo dom Sebastião Ramires y Fuenleal. Apesar de as nomeações terminarem em 1530, os escolhidos deviam cumprir seus trabalhos na Espanha e fazer uma longa viagem de três meses através do Atlântico e, por isso, em 1531, ainda não haviam chegado ao México.

Enquanto isso, os astecas e outras tribos do país se viram forçados a pegar em armas contra os espanhóis, por causa da crueldade do "Primeiro Tribunal". Zumárraga se deu conta de que estava iminente uma insurreição geral e pediu a Nossa Senhora sua intervenção, para evitar essa violenta explosão que ameaçava aniquilar os poucos espanhóis que permaneciam no país.

Secretamente, pediu à Virgem que lhe enviasse rosas de Castela, então desconhecidas no México, como sinal, para comprovar que sua súplica desesperada havia sido atendida.

Deve-se levar em conta que a crueldade dos espanhóis em suas relações com os recém-derrotados mexicanos se referia, unicamente, aos governantes e que uma grande proporção dos conquistadores se esforçava para criar laços sinceros com os nativos, por meio do matrimônio, para fundir ambas as culturas e tradições, conseguindo, assim, convertê-las em uma nova nação.

Finalmente, os direitos civis da maioria foram assegurados por Carlos V ao estabelecer o Conselho das Índias, em Sevilha, no ano de 1542, o qual atribuía responsabilidades a todas as violações da justiça no Novo Mundo.

Mesmo assim, deve-se recordar que grande parte das críticas ao trabalho de Cortés e de seus sucessores foi exagerada, especialmente por Bartolomeu de las Casas, Capelão de Diego Velázquez, conquistador de Cuba. Esse homem se envolveu em uma disputa pessoal contra Cortés e vários de seus compatriotas, no México.

Essas responsabilidades e encargos, amplamente distorcidos, foram utilizados na Europa por protestantes holandeses, franceses e ingleses, que desejavam desacreditar o trabalho dos missionários católicos no Novo Mundo.

II
AS APARIÇÕES EM TEPEYAC

Entre os primeiros mexicanos que receberam o batismo estava a Princesa Papantzin, em 1525. Nesse mesmo ano, um pobre camponês e sua esposa, do povoado de Cuautitlán, a uns 25 km a noroeste da Cidade de México, foram do mesmo modo recebidos na Igreja; ele tomou o nome de Juan Diego e sua esposa o de Maria Lúcia. Também entre os primeiros cristãos estava seu tio, Juan Bernardino, que vivia na aldeia de Tolpetlac, a uns 10 km ao sul de Cuautitlán.

Juan nasceu no ano de 1474, apenas dezoito anos antes que Cristóvão Colombo descobrisse San Salvador, e, ao perder seus pais durante sua infância, foi criado por seu tio. Quando se casou, foi morar com sua esposa em Cuautitlan, em uma pequena casa de um só quarto, coberta com teto construído com folhas de milho.

Dedicou-se à agricultura, a tecer balaios, com caniços que cortava nos lagos próximos, fabricava móveis e se empregava em qualquer trabalho que estivesse disponível na vizinhança.

Era também proprietário de uma casa e de uma parte de um terreno, em Tolpetlac. Suas duas casas eram firmemente construídas e ambas existem até a data de hoje, conservando--se em admirável estado de conservação.

Juan era um homem pequeno, de natureza amistosa, porém de caráter reservado. Do pouco que conhecemos dele, aparentemente, sua virtude mais marcante era a humildade.

Era modesto e, ao caminhar, tendia a curvar-se para a frente, arrastando os pés. Embora pertencesse à classe média e, certamente, tivesse recebido uma educação rudimentar, na realidade era tão pobre, como os de classe mais baixa. A vida para ele era uma contínua luta por sua sobrevivência. Não obstante, encontrava consolo em sua nova fé, que ele praticava com toda a devoção. Torna-se muito significativo o fato de que ele se ofereceu para receber a doutrina cristã e o batismo, apenas dois anos depois que os primeiros padres Franciscanos chegaram ao México.

Frequentemente, Juan e sua esposa caminhavam cerca de 25 km até Tlatelolco, para participar da Missa, receber os Sacramentos, assim como maior instrução na fé. Levantavam-se muito antes do amanhecer, para iniciar a viagem de cerca de 50 km a pé, atravessando colinas, já que os missionários enfatizavam a importância de se chegar à Missa bem cedo. Como a maioria do povo de sua raça, Juan e sua esposa estavam acostumados a longas caminhadas, desde sua infância; entretanto, o peso de sua idade avançada e os caminhos pedregosos que percorriam, certamente, foram debilitando sua integridade física.

Quando chegavam ao novo Convento Franciscano, em Tlatelolco, Juan sentava-se ao lado de sua esposa no chão duro, juntamente com centenas de mexicanos, e escutavam os sacerdotes que pacientemente os instruíam na nova fé. Frases como "Amar a Deus" e "a Santa Maria" brotavam facilmente e com gosto de seus lábios.

Os contrastes que existiam entre os horrores do paganismo e o amor, a alegria e a vibrante esperança do Cristianismo não podiam ser mais absolutos.

Juan Diego
Pintor anônimo do século XVIII

A vida para Juan passava despercebida e tranquila, até que, em 1529, Maria Lúcia morreu repentinamente. O impacto para esse camponês simplório foi, compreensivelmente, muito severo. Como não tinha filhos, achou que a vida nessa casa vazia, com seu tear silencioso, com sua mesa desocupada e com suas tardes solitárias, tornava-se quase insuportável.

Por fim, então, decidiu deixar Cuautitlán para ir morar perto de seu velho tio, em Tolpetlac, que, além do mais, tinha a vantagem de se encontrar somente a 15 km da Igreja de Tlatelolco. Sempre havia mantido com seu tio um relacionamento muito estreito e, agora que se encontrava sozinho, podia dedicar maior tempo a seus cuidados. Levava uma vida rústica, cultivando milho e feijão e, ocasionalmente, caçando veados.

Juan continuou com suas viagens regulares para a Missa, através das colinas, mas, por volta do ano de 1531, quando contava com 57 anos de idade, começou a cansar-se com maior facilidade. A distância que ele percorria era demasiado longa para seu velho tio, e quando Juan partia para Tlatelolco antes do amanhecer, ele devia sentir uma grande solidão. Podemos imaginar como deveria ter sentido muito a falta de sua querida esposa.

Na manhã do sábado, dia 9 de dezembro de 1531, que, então, era a Festa da Imaculada Conceição da Santíssima Virgem, Juan se levantou cedo e, deixando sua casa, durante a fria madrugada, iniciou a longa caminhada, pela paisagem ondulada, para assistir à Missa em honra de sua Mãe e Rainha.

Nessa festa, havia algo de especial para ele. Pois os sacerdotes não haviam explicado para ele que a Mãe de Cristo havia nascido sem a mancha do pecado original? Como havia sido redimida, antecipando-se aos méritos de Jesus? E Ela, a Rainha Celestial do Paraíso, a mais pura e resplandecente, era sua própria Mãe.

Sentiu sua vida melancólica, seus passos se apressaram ao empalidecer das estrelas no firmamento e, enquanto se apressava, absorto em seus pensamentos, apenas percebia o vento gelado que soprava vindo das áridas colinas e as pedras pontiagudas que cortavam suas sandálias de couro.

Ao se aproximar das encostas da colina de Tepeyac, cujas longínquas lembranças do templo pagão de Tonantzin já estavam esquecidas, surpreendeu-se ao ouvir acordes de música no silencioso crepúsculo matutino. Deteve-se repentinamente e ficou escutando.

Talvez fosse sua imaginação!

A música, porém, era real e o mais surpreendente era que os acordes eram formosos, mais do que se poderia expressar com palavras, como um coro de pássaros encantadores enchendo o ar fresco com sua doçura, impregnando seus sentidos. Juan contemplou maravilhado a sombria silhueta da colina de Tepeyac, de onde deslizava, como prata derretida, essa bendita melodia. Atônito, observou uma resplandecente nuvem branca adornada com um arco-íris formado por deslumbrantes raios de luz que emergiam da nuvem.

Repentinamente, a melodia estimulante se deteve, sem os vestígios de um eco sequer. Então escutou que alguém o chamava do cume da colina, envolto em névoas, a voz de uma mulher, gentil e insistente, que parecia atravessá-lo como uma lança de ouro. "Juanito, Juan Dieguito...", chamava-o a voz afetuosamente, usando o diminutivo de seu nome.

Juan olhou curiosamente para o cume pedregoso da colina, sentindo-se interiormente forçado a responder a esse chamado misterioso. Sem medo, subiu em ziguezague a áspera encosta da colina e, ao chegar ao topo, que tinha cerca de 40m de altura, encontrou-se, frente a frente, com uma Senhora de um resplendor e beleza imponentes. Suas vestes brilhavam como o sol e o esplendor de sua pessoa dava vida aos rochedos próximos, aos arbustos, aos espinheiros e às outras ervas que cresciam ao redor, iluminando-as com uma gama de cores radiantes, como se fossem vistas através dos vitrais de uma catedral magnífica. Aparentava ser muito jovem, talvez com catorze anos de idade, e fazia sinais a Juan para que se aproximasse dela; Juan, titubeante, deu vários passos em sua direção e caiu de joelhos, venerando-a, atônito pela perturbadora beleza da visão.

A primeira aparição
Miguel Cabrera, século XVIII

"Juanito, meu filho, para onde vais?"; sua voz era suave e gentil, seu tom era cheio de estima. "Minha nobre Senhora" – escutou-se a si mesmo murmurar –, "eu vou a caminho da Igreja de Tlatelolco, para ouvir a Missa".

A Senhora sorriu com aprovação e disse: "Meu filho, o mais querido! Eu quero que saibas, com certeza, que eu sou a perfeita e perpétua Virgem Maria, Mãe do verdadeiro Deus, através de quem tudo vive, o Pai de todas as coisas, que é o Senhor do Céu e da Terra. Desejo, ardentemente, que se construa aqui um 'teocalli' (templo) em minha honra, no qual oferecerei e demonstrarei todo o meu amor, minha compaixão, minha ajuda e proteção ao povo. Eu sou tua Mãe de Misericórdia, a Mãe de todos os que vivem unidos nestas terras, de toda a humanidade e de todos aqueles que me amam, de todos aqueles que choram, de todos aqueles que confiam em mim. Aqui, ouvirei teu pranto, aliviarei tuas dores e darei remédio a teus sofrimentos, necessidades e infortúnios. Por isso, para que se realizem minhas intenções, vai à casa do bispo da Cidade de México e diz-lhe que eu te envio, que é meu desejo que se construa um 'teocalli' aqui. Conta-lhe tudo o que viste e ouviste. Asseguro-te que ficarei muito agradecida a ti e te recompensarei por teres feito, cuidadosamente, tudo o que te pedi. Agora que escutaste minhas palavras, meu filho, vai e faz da melhor maneira que possas".

Juan se inclinou reverentemente: "Santíssima Virgem, Senhora minha, farei tudo o que me pedes". Despediu-se dela e desceu a íngreme colina de Tepeyac e dirigiu-se extasiado para a Cidade de México.

O sol havia saído pálido, no frio céu azul, quando Juan cruzou a principal passagem sobre o Lago de

Texcoco e passou através da porta norte da cidade. Ao esgueirar-se pelo povoado adormecido, rumo à casa do bispo Zumárraga, perguntava-se, indeciso, como seria recebido pelo Prelado, já que estava incomodamente consciente de sua roupa simples e de sua baixa condição social. Tinha dúvidas se o bispo acreditaria em sua improvável história. Pior ainda, os criados de Sua Excelência não o agrediriam ou lhe atiçariam os cães, por atrever-se a molestar sua casa em hora tão matinal? Seu coração estava preocupado pelas expectativas; entretanto, já que a Rainha do Céu lhe havia confiado essa missão, estava determinado a cumpri-la.

Bateu, lenta e cautelosamente, na porta da residência episcopal. Um criado a abriu. Juan pediu que fosse conduzido até o bispo. Como supôs, o criado ficou embaraçado com sua aparência desalinhada e o observou desconfiadamente. Pacientemente, Juan repetiu seu pedido. Depois de alguma vacilação, o criado pareceu mudar de opinião e se pôs de lado, para deixá-lo passar, e com muita má vontade o introduziu em um pátio, onde o mandou sentar-se e esperar.

Lentamente, uma hora transcorreu. Juan começou a pensar quanto tempo ainda teria de permanecer ali sentado, suportando o ar gelado. O vento inclemente nele penetrava como um gélido punhal – a cidade encontra-se a 2.135m sobre o nível do mar – e ele fechou sobre seu corpo arrepiado seu manto ou tilma, esfregando as mãos com vigor para mantê-las quentes. Finalmente, à porta, apareceu um funcionário, anunciando-lhe que Sua Excelência estava pronto para recebê-lo. O bispo Zumárraga, com sua habitual cortesia e gentileza, saudou seu inesperado visitante através de um intérprete, um espanhol de nome Juan González.

Esse senhor era um homem de 31 anos, bem-educado, que havia aprendido o linguajar asteca, enquanto viajava através do vasto país ajudando nos extensos postos missionários. Como consequência, foi nomeado intérprete oficial do bispo e, por isso, pertencia à casa episcopal.

Dominando seu nervosismo, Juan Diego ajoelhou-se ante o prelado e relatou da melhor maneira que pôde sua extraordinária experiência, repetindo a mensagem da Senhora exatamente como a havia escutado. O bispo franziu o cenho e esquadrinhou o rosto curtido e bronzeado de Juan, tentando descobrir se ele dizia a verdade. Enquanto escutava, não pôde deixar de sentir-se impressionado pela evidente sinceridade e humildade de Juan Diego. Perguntou-lhe onde morava e qual era sua ocupação e depois o questionou sobre os Evangelhos e sobre como praticava sua religião. O bispo ficou satisfeito com suas respostas; mas sobre a história da aparição da Rainha do Céu,... Zumárraga suspirou, duvidando.

Lentamente, o bispo moveu a cabeça. E quando Juan o olhou fixamente com ar de desânimo, o prelado colocou, amavelmente, a mão sobre seu ombro e lhe disse com um tom tranquilizador: "Meu filho, deves vir novamente quando eu estiver desocupado e possa te escutar. Enquanto isso, refletirei sobre tudo o que me contaste e considerarei, cuidadosamente, a boa vontade e o sincero desejo que te fizeram vir até mim". Fez-lhe um sinal de despedida e Juan se levantou, cabisbaixo, consciente de que havia fracassado nessa missão da Virgem, embora ele já esperasse uma reação desse tipo, a decisão negativa do bispo, o impacto.

Juan Diego narrando a aparição ao bispo Zumárraga.
Pintura de Fernando Leal

Imediatamente se viu sendo escoltado através do espaçoso edifício, onde grupos de funcionários e de criados o observavam com zombarias, até sua saída para a poeirenta rua. É verdade que Sua Excelência havia sido cordial e condescendente, mas o ambiente em sua casa acentuou sua amarga desilusão. Com o coração angustiado, foi para o norte através da cidade, cruzando a grande passagem em direção a Tepeyac.

Enquanto se aproximava da pedregosa colina, sentiu de repente e instintivamente que a Senhora vestida de luz o estava esperando, lá em cima.

Subiu a íngreme encosta e a encontrou, de pé, iluminada pelo mesmo esplendor sobrenatural com que a havia visto antes. Ajoelhou-se imediatamente, inclinando-se com veneração. "Nobre Senhora" – disse-lhe – "obedeci tuas ordens. Mesmo com dificuldades, entrei até a sala de audiências do bispo. Vi Sua Excelência como me pediste. Recebeu-me gentilmente e escutou-me com atenção, mas, ao me fazer perguntas, parecia não crer em mim!" Juan hesitou, mordendo seus lábios com decepção. "E ele me disse: 'Meu filho, deves voltar aqui novamente quando eu estiver desocupado e possa escutar-te com calma. Refletirei sobre tudo o que me contaste e levarei em conta a boa vontade e o sincero desejo que fizeram que tu viesses até mim'. Pela forma com que me respondeu, dei-me conta de que ele pensava que eu estava inventando a história sobre teu desejo de se construir um templo aqui. Por isso, Nobre Senhora, peço-te que confies essa mensagem a alguém de importância, a alguém conhecido e respeitável, para que se consiga realizar tua vontade. Porque eu sou um pobre camponês e tu, minha Nobre Senhora, enviaste-me a um lugar onde eu me acho fora de ambiente. Perdoa-me se te desiludi ao fracassar em minha missão."

A Virgem lhe sorriu com ternura e lhe disse: "Meu filho muito querido, escuta-me e compreende que eu tenho muitos servos e mensageiros a quem posso encarregar de levar minha mensagem. É, porém, absolutamente necessário que sejas tu quem leve a termo essa missão e que seja por teu intermédio e com tua ajuda que se cumpra meu desejo. Eu te incumbo de, amanhã, regressares ao bispo. Fala-lhe em meu nome e faze-o entender minha vontade, que é a de começar a construção do "teocalli" que eu lhe pedi. Confirma-lhe que quem te envia sou eu, em pessoa, a sempre Virgem Maria, Mãe de Deus".

Contemplando seu semblante, Juan encheu-se de confiança e respondeu: "Santíssima Senhora, não te decepcionarei. Com muito gosto irei cumprir tuas ordens, mesmo que, mais uma vez, não acreditem em mim. Amanhã, lá pelo pôr do sol, voltarei aqui, para te dar conta da resposta do bispo". Dito isso, Juan levantou-se e lançando um último e longo olhar à radiante Presença, inclinou-se, afastando-se dela.

Ao chegar em casa, cozinhou algumas coisas para o jantar e, depois, logo foi para a cama, já que estava muito cansado e, na manhã seguinte, que era domigo, outra longa viagem o esperava.

Horas depois se levantou, estando ainda escuro, e depois de uma caminhada sem contratempos, chegou à Igreja de Santiago, em Tlatelolco, para participar da Missa e aprender mais sobre a doutrina cristã. Eram quase dez horas quando saiu da igreja e se dirigiu à Cidade de México. Enquanto caminhava, seu pensamento lutava com o problema de como iria convencer os criados do bispo, para que Sua Excelência o recebesse novamente. Como convenceria o prelado de que dizia a verdade? A ideia de fracasso o desanimava. E se os criados do bispo se negassem a recebê-lo e lhe atiçassem os cachorros? Se eles simplesmente gritassem uma ordem, ele poderia sofrer severos maus-tratos. Juan murmurou uma prece à Santíssima Virgem e se dirigiu, resolutamente, para a casa do bispo. Estava seguro de que Ela o ajudaria a manter sua coragem e lhe obteria uma segunda audiência. Ao chegar à residência do bispo, não se surpreendeu que o recebessem com irritação. Rispidamente lhe informaram que Sua Excelência estava ocupada com assuntos mais importantes e que não poderia recebê-lo. Juan insistiu em sua solicitação, esgotando finalmente a resistência dos criados, e, com má vontade, foi conduzido mais uma vez ao pátio, onde o mandaram esperar. Pelo tom de voz que empregou o criado, imaginou que teria de enfrentar outra longa espera.

O vento gelado soprava com força pelo pátio. Juan fechou seu manto, enquanto passeava de um lado para o outro, tratando de pensar como poderia convencer o bispo de que a aparição que havia presenciado era verdadeira. De vez em quando, alguns criados passavam por ali, olhando-o com desprezo. Juan fazia que não percebia, mas se sentia humilhado e ficava inquieto. Estava consciente de que o consideravam um índio ignorante, mas outra angústia corroía seu coração: como poderia convencê-los de que dizia a verdade? Finalmente, depois de várias horas de espera, alguém chamou seu nome e ele foi conduzido até o bispo.

Zumárraga levantou a vista, surpreso por vê-lo de volta tão depressa. Entretanto, recebeu-o com sua habitual cortesia, sem ser informado de que seu visitante havia sido retido tanto tempo. Imediatamente, Juan se ajoelhou diante do prelado e repetiu a mensagem da Virgem, com todo o fervor de que era capaz. Entretanto, a tensão e a fria e longa espera que havia suportado o dominaram. As lágrimas brotaram de seus olhos e as palavras saíam com veemência ao implorar, com as mãos postas, que obedecesse o pedido da Virgem.

Zumárraga estava intrigado por causa desse estranho comportamento. Colocou sua mão sobre o ombro do mexicano e em tom amável e paternal lhe pediu para recompor-se e responder suas perguntas. Juan respirou profundamente e recobrou sua presença de espírito. "Onde a viste?", perguntou o bispo. "Como era ela?", "Quanto tempo permaneceu contigo?" O mexicano contou novamente tudo o que havia sucedido em Tepeyac e, durante o interrogatório inquisitorial que se seguiu, nunca se contradisse em nenhum detalhe, em toda a sua história.

Zumárraga estava impressionado, mas não se sentia persuadido a construir um templo nesse longínquo lugar, baseando-se simplesmente no testemunho não comprovado de um indígena. Como poderia ter certeza de que o homem não sofria de algum tipo de alucinação? Necessitava de algo mais convincente, algo como um sinal do Céu. Ao escutar isso, Juan sentiu renascer suas esperanças: "Senhor," – perguntou com entusiasmo – "que tipo de sinal me pedes? Irei, imediatamente, solicitá-lo à Rainha do Céu que me enviou".

Surpreso com essa resposta, o bispo vacilou e deu a entender que desejaria que a suposta aparição escolhesse o sinal. Com isso, deu por encerrada a audiência e permitiu que Juan se retirasse.

Logo depois que ele havia saído, Zumárraga ordenou a vários de seus ajudantes de confiança que o seguissem secretamente e observassem para onde ele se dirigia e com quem conversava. Assim o fizeram e, mantendo-se a uma discreta distância de Juan, não o perderam de vista, através das construções da cidade e ao longo da estrada para Tepeyac.

Ao chegar a um precipício, na colina, Juan desapareceu repentinamente da vista deles. Os homens do bispo o procuraram por todos os lados, subindo sobre os rochedos, esquadrinhando desfiladeiros, porém Juan não aparecia. Aborrecidos com todos os problemas que ele lhes havia causado, abandonaram finalmente as buscas e caminharam penosamente de volta para a cidade, onde disseram ao bispo que o indígena era realmente um impostor e que havia escapado e sugeriram que, se ele tivesse a ousadia de aparecer por ali, o castigariam e lhe dariam uma lição. Zumárraga nada disse. Havia decidido não emitir juízo algum, até ver o resultado de seu pedido de um sinal.

Enquanto procuravam Juan, ele havia subido a íngreme encosta de Tepeyac, encontrando-se uma vez mais com a radiante presença da Mãe de Deus. A aura brilhante que a rodeava a envolvia como uma neblina luminosa, cobrindo sua presença. Prostrou-se a seus pés, derramando seu coração em uma torrente de pesar. Ninguém havia acreditado em sua história. Havia despendido seu maior esforço, havia, porém, fracassado. Poderia a Virgem dar-lhe um sinal que convencesse o bispo de que realmente dizia a verdade?

Quando sua voz aflita finalmente se calou, a Senhora lhe sorriu, como que em apreço por seus esforços. "Está bem, meu filho, volta amanhã e terás o sinal que ele te solicitou. Assim, acreditará e não duvidará e nem suspeitará mais de ti." E sorriu ainda mais afetuosamente. "Querido filho, escuta bem minhas palavras: recompensar-te-ei abundantemente por todas as fadigas, pelo trabalho e pelas preocupações que tens sofrido por minha causa. Agora, vai para tua casa. Amanhã estarei esperando-te aqui mesmo."

Juan regressou a Tolpetlac, cheio de alegria pelas palavras da Virgem, sentindo que lhe tiravam um grande peso. Nessa mesma tarde, foi visitar seu querido tio Juan Bernardino e espantou-se muito por encontrá-lo gravemente doente, com "cocolixtle", uma terrível febre que invariavelmente roubava a vida de suas vítimas.

Imediatamente Juan mandou chamar um médico que empregou seu melhor esforço para aliviar o sofrimento do ancião, com remédios à base de ervas, mas seu estado de saúde continuou piorando.

Durante toda a noite e o dia seguinte, Juan Diego permaneceu ao lado da cama de seu tio, com o coração despedaçado, atendendo suas necessidades e confortando-o o melhor que podia. Estava confiante de que a Senhora entenderia sua situação e o desculparia por não se apresentar perante ela, na Tepeyac. Por volta do pôr do sol, parecia claramente que seu tio estava morrendo. O enfermo pediu a seu sobrinho que, na manhã seguinte, bem cedo, se apressasse a ir até Tlatelolco buscar um sacerdote para que o ouvisse em confissão e lhe administrasse os santos óleos. Por isso, Juan saiu de casa cerca de quatro horas da manhã, caminhando tão depressa quanto o permitiam suas pernas, já que sabia que a seu tio podiam restar poucas horas de vida.

Os pesquisadores, muitas vezes, se perguntam por que razão Juan não confiou no poder da Santíssima Virgem, nesse momento tão crítico. Parece surpreendente que, tendo-a visto e falado com ela, sabendo que ela o estava esperando, seu primeiro pensamento não tivesse sido o de correr a seu ponto de encontro e suplicar-lhe pessoalmente pela vida de seu tio. Helen Behrens, uma das maiores autoridades modernas sobre Guadalupe, hoje já falecida, concluiu uma investigação entrevistando muitos habitantes de Tolpletac, para saber sobre esse mistério, já que os fatos acontecidos no ano de 1531 foram transmitidos de geração em geração. Descobriu que mantinham uma versão muito diferente a respeito desse episódio, de acordo com ela, quando Juan voltou para casa, na tarde de domingo, constatou que seu tio havia desaparecido. Depois de uma angustiosa busca, encontrou-o de bruços, à beira de um bosque próximo, mortalmente ferido por uma flecha.

A insurreição geral contra os espanhóis era iminente e haviam-na disparado contra Juan Bernardino, um cristão, por colaborar com os missionários espanhóis. Seu sobrinho, carregando-o, levou-o para a casa, absorvido pelo sofrimento e incapaz de compreender por que essa terrível tragédia havia acontecido, justamente no momento de seu grandioso encontro com a Mãe de Deus.

Afinal, talvez o bispo tivesse razão. Possivelmente, ele só imaginava as visões ou sofria de alucinações.

Sem dúvida, foi pela sequência de pensamentos como esses, que davam voltas em sua cabeça, que Juan decidiu não comparecer ao encontro com a Virgem no dia seguinte. Se foi essa a razão, explicar-se-ia sua profunda vergonha quando, depois, na manhã de terça-feira encontrou-se com a Virgem. Helen Behrens descobriu também que havia sido erguida uma cruz de pedra no lugar onde Juan Bernardino foi encontrado ferido. Por vários séculos, a cruz permaneceu desaparecida, provavelmente escondida pelo terreno pantanoso. Mas, faz cerca de setenta anos, emergiu novamente à luz, em seu lugar tradicional, graças a um movimento telúrico.

Na manhã de terça-feira, 12 de dezembro, Juan Diego caminhava apressadamente em direção a Tlatelolco. Ao aproximar-se da colina de Tepeyac, tomou uma decisão a respeito do dilema que o estava inquietando. Se cruzasse a colina pelo caminho habitual, a Senhora o veria e o deteria para lhe dar o sinal que lhe havia prometido, para levá-lo ao bispo. Juan, porém, não poderia perder nem um minuto, se quisesse levar um sacerdote antes que seu tio morresse. Resoluto, caminhou através do terreno escorregadio e íngreme, rodeando a colina pelo lado leste, esperando escapar sem ser visto.

Ao passar por esse lado da colina, encheu-se de surpresa por ver a Senhora descendo do alto, em um esplendor de luz, a curta distância, e aproximar-se por um ângulo que o interceptaria. Agoniado pelo sofrimento, bastante confuso e sem saber o que fazer, escutou-a, então, chamá-lo com sua costumeira voz compassiva e gentil: "Meu filho, o que está acontecendo? Para onde vais?"

Aproximou-se, inclinando-se diante dela, confuso, murmurando palavras agradáveis, tentando disfarçar sua vergonha.

Logo, recobrando seu controle e com uma voz mais tranquila, disse: "Nobre Senhora, vai te afligir o que tenho a dizer. Meu tio, teu pobre servo, está muito doente. Sofre de peste e está morrendo. Apresso-me em ir até a igreja da Cidade de México, para chamar um sacerdote, para que o atenda em confissão e lhe administre os santos óleos. Depois que eu fizer isso, voltarei aqui imediatamente para transmitir tua mensagem".

Juan hesitava e implorava com seus olhos. "Por favor, perdoa-me e sê paciente comigo. Não estou te enganando. Prometo-te fielmente que virei ver-te, aqui, amanhã, o mais rápido possível."

Fez uma pausa.

Juan pôde apreciar o amor e a compreensão que fluíam do olhar fixo da Senhora, e a ternura de sua amável resposta quase o fez chorar. "Meu querido filho, escuta e permite que minhas palavras invadam teu coração", disse, consoladoramente, em uma mensagem que ressoaria através dos séculos, permitindo que milhões de seus filhos se acolhessem em seus confortáveis braços.

"Não fiques preocupado e nem te angusties com sofrimentos. Não temas nenhuma enfermidade ou moléstia, ansiedade ou dor. Não estou aqui, eu que sou tua mãe? Não estás debaixo de minha sombra e proteção? Não sou eu a fonte de tua vida? Não estás entre as dobras de meu manto? Sob o abrigo de meus braços? Há mais alguma coisa de que possas necessitar?" Fez uma pausa e, sorrindo-lhe, acrescentou: "Não deixes que a enfermidade de teu tio te preocupe, porque ele não morrerá desse mal. Neste momento ele está curado".

Com essas sublimes palavras pronunciadas a um humilde camponês mexicano, Nossa Senhora revelou a todos os seus filhos que se acham na miséria a deliciosa ternura de seu Coração Imaculado. Suas palavras são uma profunda mensagem pessoal, de profundo amor e de prece maternal, a cada um de nós, sem levar em conta o credo, a cor, a raça ou a classe social.

A gloriosa Mãe de Deus havia chegado à árida colina de Tepeyac, que posteriormente se converteria em um enorme e mundialmente famoso santuário, como a Mãe Misericordiosa de toda a humanidade, Mãe de piedade e de boa-vontade, Mãe de Misericórdia, a quem Nosso Senhor, na hora de sua terrível agonia na cruz, nos confiou e, enquanto Ele intercedia por nós, junto a seu Pai Celestial, ela do mesmo jeito intercedia, junto a seu Filho, em nosso favor.

Bem se pode imaginar o consolo que Juan Diego experimentou ao escutar a Mãe de Deus pronunciar tão ternas palavras. Depois de se recuperar de sua agradável surpresa, Juan prontificou-se a pôr-se a caminho imediatamente para a residência do bispo, com o sinal prometido. A Senhora sorriu, com sinal de aprovação, e o mandou subir até o topo da colina de Tepeyac, "ao lugar onde me viste pela primeira vez. Ali encontrarás, vicejando, muitas flores. Colhe-as, junta-as e, depois, traze-as para me mostrar o que tens".

Juan subiu a encosta com presteza e, chegando ao topo, ficou assombrado ao encontrar uma abundância de flores coloridas, incluindo as rosas de Castela, que floresciam no solo gelado. Não só estavam em plena florescência, completamente fora de temporada, senão que seria impossível para qualquer qualidade de flor crescer em um terreno tão pedregoso, o qual só podia produzir cardos, cactos e frágeis arbustos. Deu-se conta de que as flores reluziam com gotas de orvalho e que sua deliciosa fragrância era sentida como um sopro do Paraíso.

Estendeu sua tilma como um avental e a encheu com as coloridas flores, descendo depois até onde o esperava a

Senhora, em um halo de luz radiante. Quando mostrou o resplandecente punhado de flores, Ela as arrumou cuidadosamente com suas próprias mãos e, enquanto o fazia, disse-lhe: "Meu filho, essa variedade de flores é o sinal que levarás ao bispo. Diz a ele, em meu nome, que com elas reconhecerá meu desejo e que deve cumprir minha vontade. Tu serás meu mensageiro, totalmente digno de minha confiança. Ordeno-te que não abras tua tilma e nem reveles o que contém, até que estejas na presença dele. Então conta tudo ao bispo, explica-lhe como te mandei ao topo da colina onde encontraste, crescendo em abundância, estas flores, prontas para serem colhidas. Diz a ele, mais uma vez, tudo o que viste aqui, para que se convença e para que cumpra meus desejos, para que se construa aqui o 'teocalli' que estou solicitando".

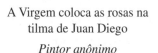

A Virgem coloca as rosas na tilma de Juan Diego
Pintor anônimo

Juan fez um sinal de assentimento e, apoiando sobre seu peito, cuidadosamente, as bordas da tilma, para não danificar nenhuma das delicadas flores, inclinou-se reverentemente e iniciou o itinerário para a Cidade de México.

Seu coração pulsava jubilosamente enquanto caminhava, já que desta vez o bispo teria de acreditar nele. De vez em quando, ele detinha-se para assegurar-se de que as preciosas flores permaneciam do mesmo jeito como a Senhora as havia arrumado. Sua deliciosa fragrância parecia impulsioná-lo a caminhar; suspirava pelo momento em que o bispo finalmente aceitaria sua história e mandaria construir o templo em Tepeyac. Entretanto, sabia que novamente poderia ter problemas com os criados, logo na chegada, mas estava seguro de que todos os obstáculos, de algum modo, seriam superados.

Logo que chegou à casa do bispo, os criados, muito amolados, saíram para afugentá-lo. Mas Juan manteve sua posição e implorou que o levassem à presença do bispo, pelo menos mais uma vez, insistindo que agora Sua Excelência creria firmemente em sua história. Negaram-se, alegando que não o entendiam. Intimidaram-no com injúrias, fechando com grande estrépito, em sua cara, as portas de ferro. Juan recusou-se a retirar-se, determinado a esperar durante o dia todo, se fosse necessário, até cansá-los com sua súplica persistente.

Cerca de uma hora mais tarde, um dos funcionários, de dentro do recinto, percebeu que Juan ainda se encontrava ali, segurando as bordas de sua tilma como se escondesse alguma coisa. Perguntou a Juan o que ele levava ali, porém não logrou obter uma resposta satisfatória. Ao escutar essa estranha conversa, apareceram outros moradores da residência episcopal, abriram as portas e agruparam-se ao redor do mexicano, ordenando-lhe que abrisse sua tilma. Como ele se negou, ameaçaram-no a abri-la à força. Dando-se conta de que estavam falando sério, contra sua vontade abriu só um pedacinho de seu manto, para lhes permitir uma breve olhada sobre as flores. Ficaram estupefatos ao ver as magníficas flores e extasiados por sua deliciosa fragrância. Ansiosamente, tentaram arrebatá-las, mas quando tentavam fazê-lo, parecia que as flores se derretiam dentro das bordas da tilma, ficando como se fossem um bordado. Um dos funcionários se apressou a ir contar ao bispo esse extraordinário acontecimento. Zumárraga, sem estar sabendo de que haviam mantido Juan esperando, novamente, perguntou se desta vez lhe trazia o sinal que havia pedido e ordenou que Juan fosse levado a sua presença imediatamente.

Juan encontrou o bispo rodeado por um grande número de pessoas importantes, incluindo Dom Sebastián Ramires y Fuenleal, o novo governador do México. Inclinou-se em vez de se ajoelhar, com medo de perder o controle de sua tilma, e relatou o que havia vivido em Tepeyac. De novo, Juan Gonzáles estava atuando como seu intérprete.

"Excelência" – disse Juan Diego –, "obedeci tuas instruções. Logo cedo, nesta manhã, a Virgem Celestial pediu-me que viesse ver-te outra vez. Pedi-lhe o sinal que tu solicitaste e que ela me prometeu dar. Mandou que eu subisse até o topo da colina, onde eu a havia visto antes, para que colhesse as flores que ali cresciam. Eu sabia, muito bem, que lá em cima da colina não era um lugar propício para crescerem flores, especialmente nesta época do ano, mas não duvidei de sua palavra. Quando alcancei o topo, fiquei assombrado ao me encontrar rodeado de formosas flores, brilhando, todas, com gotas de orvalho. Apanhei tantas quantas pude e as levei à Senhora. Ela as arrumou com suas próprias mãos e as colocou em meu manto, para que eu pudesse trazê-las a ti. Aqui estão. Contempla-as!"

Dizendo isso, Juan abriu as bordas de sua tilma e as flores, entremeadas com rosas de Castela, caíram no chão como uma cascata, numa abundância de cores e de perfumes.

Zumárraga observou-as sem poder articular uma palavra. Era o sinal que ele havia pedido à Santíssima Virgem para mostrar-lhe que havia atendido seu pedido, para trazer paz ao país. Cheio de surpresa, levantou seus olhos para a tilma e, nesse instante, apareceu sobre ela uma imagem gloriosa da Mãe de Cristo.

Juan Diego abre sua tilma e aparece o quadro milagroso

Por um momento arrebatador, os olhos de cada pessoa que estava na sala fixaram-se na esplendorosa imagem, como se estivessem contemplando sua aparição. Então, lentamente, puseram-se de joelhos, com admirada veneração. Totalmente perplexo, Juan procurou o objeto da contemplação de todos, para ver o que os havia transtornado daquela maneira e ficou intrigado ao observar uma réplica perfeita da Rainha Celestial que ele havia visto em Tepeyac.

Os olhos de Juan brilharam atônitos. A Senhora havia vindo, quase que em pessoa, e parecia confrontar o bispo com esse inquestionável sinal, uma representação maravilhosa dela própria que, através dos séculos, milhões de pessoas contemplariam com a mesma admiração e veneração que Juan via refletidas no rosto do bispo e de seus acompanhantes.

Quando finalmente Zumárraga se levantou, abraçou Juan e suplicou-lhe que o perdoasse por ter duvidado dele. Pediu-lhe que passasse a noite como seu convidado de honra, prometendo-lhe acompanhá-lo, no dia seguinte, ao lugar bendito onde a Mãe de Deus havia desejado a construção de um templo. Com o maior cuidado, o bispo desatou a tilma do pescoço de Juan e, reverentemente, levou essa peça, agora transformada em preciosidade, para sua capela particular, onde poderia contemplá-la com grande contentamento.

Frei Juan de Zumárraga

A notícia desse prodígio espalhou-se como um fogo selvagem através da cidade. Na manhã seguinte, a sagrada imagem foi conduzida em procissão triunfante para a catedral, acompanhada pela multidão jubilosa. Por volta do meio-dia, o bispo e sua comitiva acompanharam Juan até o lugar das aparições.

Depois de examinar bem, Zumárraga decidiu que devia construir imediatamente uma pequena capela, enquanto podiam ser estudados os planos para um santuário maior e mais digno. Quando tudo já estava acertado, Juan pediu licença para se retirar, pois estava impaciente para chegar em casa e ver seu tio. Não duvidava das palavras da Senhora sobre a recuperação dele, mas desejava vê-lo gozando de boa saúde novamente. O bispo consentiu, mas insistiu para que ele fosse acompanhado por uma guarda de honra até sua casa. Para sua surpresa, Juan encontrava-se, agora, voltando triunfante para seu humilde povo, como se fosse um herói nacional.

A quinta aparição da Virgem curando Juan Bernardino

Quando chegou a Tolpetlac, encheu-se de alegria ao encontrar seu tio sadio outra vez e descansando à porta de sua casa. O velho levantou-se surpreso ao ver seu sobrinho rodeado por um séquito de cavaleiros e frades. Uma multidão da aldeia reuniu-se rapidamente a seu redor e Juan lhes relatou tudo o que havia acontecido.

Seu tio assentia como se já estivesse inteirado da história; foi, então, quando ele começou a revelar sua impressionante experiência. Depois que seu sobrinho saiu para buscar um sacerdote, sentiu-se demasiadamente fraco para tomar o remédio que havia sido posto ao lado de sua cama e se deu conta de que havia chegado seu último momento. De repente, o quarto inundou-se de luz e apareceu, em sua frente, uma formosa Senhora irradiando paz e amor. Juan Bernardino sentiu imediatamente que a febre deixava seu corpo e, levantando-se da cama, caiu de joelhos diante da visão celestial. A Virgem lhe disse que havia interceptado o caminho de seu sobrinho, enviando-o ao bispo, com sua sagrada imagem impressa em sua tilma. Revelou-lhe, então, o título com o qual desejava ser conhecida no futuro, que ele tinha de informar ao bispo.

O intérprete que traduziu as palavras para o bispo pensou que Juan Bernardino queria dizer: "A Sempre Virgem Maria de Guadalupe". Zumárraga ficou admirado, já que o nome de Guadalupe não tinha nenhuma conexão com o México; contudo, era o nome de um famoso Santuário Mariano, na Espanha.

Esse Santuário, situado na Extremadura, uma província situada ao leste da serra da Espanha, existia já há vários séculos antes das aparições de Tepeyac.

Uma breve pausa para se conhecerem seus antecedentes nos ajudará a entender por que razões o intérprete do bispo traduziu que Nossa Senhora se havia identificado com o nome de Guadalupe.

A estátua que se encontra no santuário espanhol representa a Santíssima Virgem carregando em uma das mãos o Menino Jesus e na outra um cetro de cristal, que representa sua Divina Maternidade. A imagem tem várias histórias. A tradição conta que foi venerada pelo papa São Gregório Magno, em sua capela particular, e que ele casualmente a teria dado de presente a seu amigo, São Leandro, bispo de

Sevilha. Então, a imagem foi venerada em Sevilha até a invasão moura, no ano de 711 d.C., quando, temendo por sua segurança, alguns membros da Igreja que escaparam dos mouros a guardaram em um cofre de ferro, escondendo-o depois em uma caverna.

Conta-se que, em 1326, Nossa Senhora apareceu a um pastor, Gil Cordero, e lhe revelou onde se encontrava a imagem, com seus documentos autênticos. A gruta estava localizada às margens do Rio Guadalupe, que literalmente significa "Rio de Lobos", provavelmente porque essa parte do país, no passado, era infestada por lobos.

Em 1340, o rei Afonso XI de Castela ordenou a edificação do Real Monastério de Guadalupe para abrigar a estátua, deixando-a sob a responsabilidade dos Padres Franciscanos. Não se passou muito tempo para que o mosteiro se convertesse no santuário mais venerado da Espanha, atraindo intermináveis multidões de peregrinos. Pode ser significativo que, antes de embarcar para suas transcendentais viagens de descobrimentos, Cristóvão Colombo tenha rezado ali e que, como sinal de sua gratidão por haver sobrevivido a um naufrágio, em sua viagem de regresso à Espanha, denominou a ilha que providencialmente o havia salvo de Ilha de Guadalupe.

Os primeiros missionários no México espalharam a devoção de sua Virgem de Guadalupe por todos os lugares que visitavam e foi, provavelmente, sua ardente veneração o que causou um mal-entendido no que se referia ao nome da aparição, que Juan Bernardino deu ao bispo Zumárraga.

A palavra "Guadalupe" de que se utilizou a Senhora não pode ser soletrada e nem pronunciada em língua Nahuatl, o linguajar asteca (e a única linguagem que Juan Bernardino conhecia), já que as letras "D" e "G" não existem nessa língua. Portanto, a conclusão lógica é que Ela se identificou com uma palavra foneticamente semelhante ao de "Guadalupe". O bispo interpretou que o mexicano queria pronunciar a palavra "Guadalupe" e, assim, foi como se adotou esse nome para o novo santuário. Existiram muitos precedentes para se levar em conta esse erro de tradução, particularmente entre os nomes de lugares mexicanos, aos quais os espanhóis simplesmente davam um nome foneticamente equivalente.

Não faltam evidências históricas que nos mostram como, no começo, os indígenas mexicanos se mostravam renitentes em aceitar o nome de um santuário espanhol para sua Virgem Bem-amada, sem levar em conta o fato de que isso lhes foi formalmente imposto, em 1560, e que, em seu lugar, utilizavam nomes de sua própria invenção. Por exemplo, descobrimos em códices históricos indígenas que, ainda no final do século XVI, os nativos não usavam normalmente o nome de Guadalupe: pelo contrário, usavam o nome da divindade "Tonantzin" e outros nomes pseudo-pagãos que, como já observamos, eram causa de consideráveis atritos no início da Igreja no México. Em uma narração das aparições conhecida como "Inin Hucy Tlamahuizoltzin" (*Vejam um grande milagre*) e que os historiadores creem que antecede o "Nicam Mopohua", o nome de Guadalupe está significativamente ausente. Por essa sua ausência, confirmam-se os dados nos códices indígenas.

Becarra Tanco, o homem que exerceu um papel importante nos Processos Apostólicos de 1666, escreveu que o nome de Guadalupe havia sido objeto de inumeráveis questionamentos nos meios colegiados, durante muito tempo, concluindo que Nossa Senhora usou a palavra asteca foneticamente semelhante "Tequantlaxopeuh" (que se pronuncia "Tequetalope"), que significa "A que nos salva do Devorador". Nessa época, o Devorador significava tanto Satanás como o terrível deus pagão. O padre Florência ratificou essa teoria em sua breve história das aparições, chamada "Estrela do Norte", publicada em 1688. Em outras palavras, Nossa Senhora estava identificando-se como a Imaculada Conceição, a que venceria Satanás. É sabido que o bispo Zumárraga escreveu a Cortés, em 24 de dezembro de 1531, convidando o conquistador para participar da procissão triunfal que levaria a sagrada imagem da capital até a primeira capela e se referia ao quadro de Nossa Senhora como sendo a Imaculada Conceição. Desse fato podemos concluir que o bispo foi corrigido, posteriormente, em seu mal-entendido, embora não tenhamos nenhuma prova disso e, definitivamente, o título de Imaculada Conceição nunca substituiu o de Guadalupe.

O mistério ainda não havia sido totalmente esclarecido, até que em 1895 o Professor D. Mariano Jacobo Rojas, Diretor do Departamento de Nahuatl, no Museu Nacional de Arqueologia, História e Etnologia, levou a cabo um profundo estudo científico sobre a palavra Guadalupe. Chegou à conclusão de que a Virgem se utilizou da palavra "Coatlaxopeuh", que significa "a que vence, pisa e esmaga a serpente", e que novamente era o equivalente de "Imaculada Conceição". Seu veredicto foi corroborado por duas autoridades independentes, em 1936 e em 1953.

Depois de um exaustivo estudo mais profundo sobre o tema, um Jesuíta belga escreveu um livro analítico, em 1931, intitulado "La Nacionalidad Mexicana y la Virgen de

Guadalupe", no qual enfatizava que era de se esperar que Nossa Senhora desse uma mensagem de tão transcendental importância a Juan Bernardino em seu próprio idioma, para que ele pudesse entender as palavras e repeti-las com exatidão, em vez de uma mensagem que contivesse uma palavra árabe, como "Guadalupe", que não pode ser soletrada ou pronunciada na língua Nahuatl. Devemos também levar em conta que no momento das aparições os Padres Franciscanos preparavam seus paroquianos para a festa da Imaculada Conceição. Em seus sermões, frequentemente se referiam a Ela como "A que esmaga a serpente", conscientes de que causariam profunda impressão nos mexicanos, já que também significava o aniquilamento de seu terrível deus-serpente.

Um estudo recente (por volta de 1950) sobre a palavra Guadalupe foi realizado pela falecida Helen Behrens, uma das autoridades mais reconhecidas desse século sobre a sagrada imagem. Foi assistida pelo notável erudito em Nahuatl, Byron MacAfee. Em sua reportagem, declara: "Nem o bispo Zumárraga e nenhum outro bispo espanhol foram capazes de explicar por que Nossa Senhora desejava que sua imagem fosse conhecida como 'de Guadalupe'. A razão deve ser porque a Virgem nem sequer pronunciou a frase. Falou na linguagem nativa e a combinação de palavras que utilizou deve ter soado como 'de Guadalupe' para os espanhóis. A palavra asteca 'tecoatlaxopeuh' tem um som semelhante. 'Te' significa 'pedra'; 'coa' significa 'serpente'; 'tla' é o pronome que finaliza, que pode ser interpretado como 'a, aquela que'; 'xopeuh' por sua vez significa 'esmagar, pisotear'. Por isso, a preciosa imagem seria conhecida pelo nome de A Totalmente Perfeita Virgem, Santa Maria, Aquela que esmagaria, pisotearia ou aniquilaria a serpente de pedra".

Como já sabemos, tratava-se de Quetzalcoatl, a temida serpente emplumada, a mais monstruosa de todas as divindades astecas originais, a quem anualmente se ofereciam 20.000 sacrifícios humanos.

Se essa interpretação é correta – e muitos especialistas em Guadalupe estão convencidos disso –, então a Santíssima Virgem Maria estava insinuando que Ela aniquilaria todos os deuses astecas, atrás dos quais, desde logo, se encontrava Satanás.

Isso nos faz recordar Gênesis 3,14-15: "O Senhor Deus disse à serpente... Estabelecerei uma inimizade entre ti e a mulher, entre tua descendência e a dela. Ela esmagará tua cabeça, enquanto que tu procurarás morder--lhe o calcanhar".

No Apocalipse 20,2, a serpente é identificada especificamente como Satanás. E o que transcende, exatamente, é sua vitória sobre a serpente. Como resultado direto das aparições, aconteceu a maior conversão em massa ao Cristianismo de toda a História.

Concluindo, é difícil pensar que a Virgem tenha se referido a si mesma, especificamente, como "A Imaculada Conceição", já que o dogma ainda não estava definido. Não foi senão, depois de 1854, quando esse dogma foi promulgado pela Igreja, que Ela confirmou publicamente (em Lourdes, em 1858) essa dignidade única que Deus lhe havia conferido.

É significativo o fato de que, nas regiões do México que ainda se fala o Nahuatl, os habitantes ainda se refiram à sagrada imagem como sendo a de Santa Maria de Quatlasupe (um pouco mais fácil de se pronunciar que Te Coatlaxopeuh), em vez da versão espanhola, Nossa

Senhora de Guadalupe. Uma das principais razões pelas quais o nome de Guadalupe chegou a enraizar-se tão firmemente é que quase todo o nosso conhecimento sobre esse assunto chegou da Espanha, em vez de recebê-lo de traduções astecas.

"Juan Diego caminhando"

    Pintado por Miguel Cabrera em 1751, representa-o vestido à maneira indígena com um chapéu na mão direita e um bastão de peregrino na esquerda. Suas feições têm traços típicos de um indígena, seu olhar se dirige para a distância como quem espera ver algo ao longe. Seu gesto é sereno, seu rosto é impassível, emoldurado por uma barba curta. Seu passo chama a atenção: a distância entre os pés denota um caminhar firme e rápido, quase apressado. Calça sandálias como as usavam as pessoas de sua classe social.

III
A CONVERSÃO
DOS ASTECAS

No dia seguinte, Juan Diego e seu tio foram acompanhados, triunfantes, até a residência do bispo, onde permaneceram durante duas semanas como convidados de honra. Entretanto, milhares de peregrinos se dirigiam à catedral para verem pessoalmente "a Mãe de Deus do homem branco".

Era uma sublime experiência contemplar o esplendor da sagrada imagem. As feições da Virgem, inexplicavelmente delicadas, eram as de uma bela jovem de tez morena, faces rosadas e cabelos castanho-escuros. Seus olhos, olhando para baixo em sinal de humildade, tinham tanta expressão que pareciam os de uma pessoa viva. Vestia uma túnica cor-de--rosa, coberta por uma renda fina, trabalhada com delicados desenhos florais, em ouro. Cobria sua cabeça um manto azul-esverdeado que caía até seus pés. A resplandecente beleza de sua pessoa, juntamente com uma aura indefinível de presença sobrenatural, tem cativado um sem-número de pessoas até nossos dias.

Quatro séculos depois, Coley Taylor, um autor americano, descreveu graficamente o extraordinário impacto visual que causa a sagrada imagem.

"Quanto mais a contemplamos" – escreveu – "mais milagrosa parece... Quando se observa a costura que está rompida, parece extraordinário como pode manter-se unida. A expressão do rosto de Nossa Senhora, principalmente, é totalmente indescritível! É tão terna, tão afetuosa, tão humana em seu enigmático sorriso, muito mais desafiante que aquele da famosa Mona Lisa de Leonardo. As reproduções não repetem a delicadeza e a suavidade da forma em que se amoldam seus lábios. Em algumas, os olhos parecem se avultar e os lábios quase franzidos, o que, entretanto, não se vê no original, em que todos os contornos são belíssimos. Mas a característica que mais sobressai está certamente nos olhos que não são como os pintados em um retrato, mas, sim, cheios de vida, olhos humanos, com os contornos exatos que devem ter os olhos.

O rosto de Nossa Senhora de Guadalupe

Para mim, o ponto mais estranho é o seguinte: normalmente, quando alguém se aproxima de uma pintura, os detalhes são mais nítidos que quando os observamos à distância. Com o quadro sagrado, entretanto, não acontece isso. De perto, dificilmente se podem distinguir as estrelas de seu manto, enquanto que, à distância, são vistas rutilantes. De um estrado próximo, seu manto não é de um azul-esverdeado como o que vemos à distância, senão muito mais azul e um azul escuro. Visto de perto, seu vestido é de um rosa-pálido, ao passo que de longe é de um rosa intenso.

Essa contradição à lógica me intriga enormemente e nos desconcerta a todos. E é, ou deve ser, parte do fenômeno de "inversão de dimensões" que deparamos quando a pintura parece ser de grande tamanho, quando a observamos da nave central da Basílica, e se reduz ao 'normal' quando alguém se aproxima dela. Isso também é ilógico. E sempre existe uma tremenda sensação de presença, uma graça magnética que eu nunca havia experimentado com nenhuma outra pintura, religiosa ou profana, que eu tenha admirado ou amado. E é de se considerar que eu, durante meus vinte e cinco anos de Nova York, vi, estudei e admirei muitas obras-primas de El Greco, Goya, Leonardo, Michelangelo, Rafael, Verneer, Holbein, Rembrandt, Tiziano, nas coleções permanentes dos Museus, em coleções particulares e nas grandiosas mostras da Feira Mundial. Nada existe comparável ao retrato de Nossa Senhora. Tudo o que posso dizer é que Ela deixou algo de sua presença nele.

Outra coisa que todos temos notado – seu rosto parece estar 'pobremente iluminado'. Mas não é assim. Creio que o mantém um pouco sombreado – talvez por modéstia –, pois a nenhuma senhora é agradável que a olhem fixamente. Aqui temos outra contradição (no que se refere a essa pintura). Seu rosto é muito mais claro, visto em detalhe, de perto, porém quando o observamos, mesmo do pé do altar, parece velado por sombras. Isso é tanto um paradoxo como um deleite, acima de qualquer palavra. E é essa presença gentil, essa inegável bondade, esse esplendor enigmático, que nenhum artista ou nenhuma reprodução podem captar. De uma misteriosa maneira, sobrenatural, Ela está aqui, em Tepeyac..."

Argumentou-se, no que diz respeito a suas feições e a suas vestes, que Nossa Senhora não tem aparência mexicana, mas, sim, judia. As mulheres mexicanas, tanto as ricas como as pobres, vestiam blusas de mangas curtas e decote quadrado e suas saias chegavam, apenas, abaixo dos joelhos.

Entretanto, as vestes da sagrada imagem são longas, até os pés, como as usadas pelas mulheres árabes e judias na Palestina durante o inverno. Como a moda na Terra Santa mudou muito pouco, nos últimos 2.000 anos, estamos inclinados a interpretar que a pintura de Nossa Senhora de Guadalupe representa o aspecto que Ela tem atualmente sobre a terra, embora não possamos estar seguros disso. Entretanto, vale a pena assinalar que um dos peritos guadalupanos, frei José de Guadalupe Mojica, OFM, que sustenta a suposição anterior, depois de concluir uma intensa investigação sobre o assunto, tem a particularidade de ser um dos únicos escritores que suspeitou da existência de pinturas adicionais sobre a tilma.

Entretanto, é inegável que a Virgem irradia tal sentimento de pureza, o que inspirou gerações de mulheres mexicanas a imitá-la. O padre Florência, S.J., notou o extraordinário efeito que produzia a contemplação da sagrada imagem, escrevendo a respeito disso faz já vários séculos:

"Permitamos que todas as mulheres, sem importar sua classe social, encontrem na pintura da Suprema Senhora uma figura de pureza e um espelho de modéstia; deixemo-las imitar seu respeitoso recato e a privacidade de seus castos atavios. Dessa pintura, como dos reflexos de um cristal, emanam igualmente sinais de honra e de pureza, como de luz e de esplendor. Permitamo-lhes aprender Dela o que devem imitar em suas próprias vidas, isto é, o recato em suas vestes e a renúncia para não causar escândalos".

As primeiras levas de pessoas que contemplaram a milagrosa pintura com reverência e admiração espalharam por todo o México a notícia sobre o prodígio, atraindo numerosas multidões à Catedral. Milhares de pessoas ajoelharam-se fascinadas diante do quadro celestial, sucumbindo à extraordinária doçura de seu poder, bebendo a pureza etérea de sua beleza.

"Para aqueles que desfrutam a felicidade de extasiar e santificar seus olhos com a contemplação de tão sublime objeto", escreveu Padre Florência, S.J., em 1675, "qualquer outra pintura parecerá um borrão!" O historiador Clavigero escreveu, em 1758, sobre "os favorecidos" que têm "a incomparável felicidade de observar a mais bela e majestosa pintura de Guadalupe".

Ao sucumbir à bondade da Senhora Celestial, os astecas pagãos inconscientemente foram guiados por Ela até os pés de seu Divino Filho. Ao contemplar cativados a bondade sobrenatural de suas faces, forjaram-se laços permanentes de amor e de confiança, unindo suas almas a Ela, como uma invisível corrente de ouro. "Ante essa presença maternal", como o expressou o Padre H. Rahm, S.J., cem anos depois, "sente-se a suave inocência e a doce presença de um filho amado".

Enquanto isso, frei Juan de Zumárraga estudava a possibilidade da construção de um templo adequado em Tepeyac, de acordo com a vontade de Nossa Senhora. Já que numerosos peregrinos subiam a íngreme colina para se ajoelhar e rezar no lugar das aparições, era necessário que sem demora se erguesse uma capela provisória, até que se pudesse edificar um santuário mais apropriado e permanente. Muitos voluntários, mexicanos e espanhóis, apressaram-se a oferecer seus trabalhos e, em duas semanas, haviam terminado uma pequena ermida ou capela de pedra.

No dia 26 de dezembro de 1531, uma triunfante procissão transportou a sagrada imagem da Catedral até Tepeyac, conduzida pelo bispo Zumárraga, seguido por missionários Franciscanos e Dominicanos e por uma grande multidão. A multidão entusiasmada, com alegre espírito de festa, alinhava-se ao longo de ruas estreitas e tortuosas. Embarcações suntuosamente ornamentadas agitavam as águas brilhantes do Lago de Texcoco, de cada lado da entrada; flores eram espargidas através da cidade ao longo de todo o percurso. Milhares de mexicanos bailavam e cantavam, cercados por celebrações musicais de alegria e de esplendor, agitando ramos verdes e ervas de doce aroma.

"A Virgem é uma de nós", cantavam jubilosamente. "Nossa Mãe Pura, Nossa Mãe Excelsa, é uma de nós!"

Um grupo de mexicanos, em um momento de entusiasmo, lançou aos céus uma chuva de flechas as e uma delas feriu no pescoço um dos presentes, matando-o imediatamente. O cadáver foi transportado pelo povo consternado até a capela de Tepeyac e posto ante a sagrada imagem que o bispo Zumárraga acabara de entronizar com grande veneração. A multidão aglomerava-se dentro e ao redor da pequena ermida, pedindo fervorosamente por um milagre. Todas as vozes se elevaram em uma prece suplicante à Mãe da religião cristã. Minutos depois, o homem morto abriu os olhos e se levantou completamente recuperado.

Salvação milagrosa de um indígena atingido por uma flecha durante a triunfante procissão que transportava a Virgem para sua nova casa

Aos sussurros de assombro, seguiu-se uma explosão de alegria indescritível. Espontaneamente, mexicanos e epanhóis se abraçavam uns aos outros numa autêntica manifestação de amor fraterno.

Enquanto essa espantosa demonstração do poder de Nossa Senhora espalhava ondas de emoção através do país, a inimizade que havia envenenado as relações entre as duas raças começou gradualmente a diminuir, embora ainda se passassem alguns anos mais antes de que terminasse totalmente.

Uma antiga canção mexicana, "Teponazcuicatl", adaptada ao Cristianismo, preservou na memória esse inolvidável momento:

"Com alegria, eu vi o desabrochar de flores perfumadas, em tua presença, Santa Maria!

Junto às águas tranquilas, eu escutei Santa Maria cantando:

'Eu sou a planta preciosa com meus brotos escondidos.
Eu fui criada pelo único e perfeito Deus.
Eu sou excelsa entre todas as criaturas'.

Oh, Santa Maria, tu vives de novo em teu tecido.
E nós, os donos desta terra,
no livro de hinos cantamos juntos,
em perfeita harmonia bailamos diante de ti.
E tu, nosso Bispo, nosso Pai, fazes um sermão,
lá, junto do lago.

Com a beleza das flores Deus te criou, Santa Maria!
E renasceste através de uma pintura,
neste nosso Episcopado.

Delicadamente, foi pintada tua imagem,
e sobre o pano sagrado, está oculta tua alma.
Tudo é perfeito e completo, em tua presença,
e aí, se for a vontade de Deus, eu viverei para sempre.

Quem seguirá o meu exemplo?
Quem correrá atrás de mim?
Oh! Ajoelhemo-nos a seu redor,
cantemos doces melodias
e espalhemos flores em sua presença!

Chorando, comungo com minha própria alma,
que o propósito completo de minha canção
possa fazer-se conhecido,
e que o desejo de meu coração se realize,
com a construção da Casa da Virgem.
Então minha alma descansará ali!

Conhecer-se-á um perfume mais agradável
que a fragrância das flores,
e meu hino se alçará em louvores,
para a bela florescência
que forma teu ornamento perpétuo!

A flor dos coqueirais derrama sua fragrância.
A flor das macieiras perfuma cada rua
que nos leva ao santo lugar.
E ali, eu, o doce cantor, viverei.
Atendam! Oh, escutem meu hino de alegria!"

Quando finalmente terminaram as cerimônias, o bispo Zumárraga deu a Juan Diego o encargo de cuidar da nova capela, à qual se havia anexado um cômodo para abrigá-lo. Depois de transferir sua propriedade, em Toltepec, a seu querido tio, Juan se estabeleceu em Tepeyac, para dedicar o resto de sua vida a guardar o novo santuário e a propagar a história, explicando o significado das aparições. De acordo com um dos mais antigos documentos da história de Guadalupe, o mexicano que havia sido ressuscitado também permaneceu em Tepeyac, mantendo a pequena ermida sempre limpa e bem-arrumada, já que ondas e ondas de peregrinos já cruzavam suas estreitas portas como uma corrente sempre crescente de devoção.

Ao explicar aos peregrinos as mensagens e o significado das aparições, Juan punha muita ênfase no fato de que a Mãe do Verdadeiro Deus havia escolhido vir para o lugar onde uma vez esteve o templo da deusa-mãe pagã Tonatzin, que Cortés havia destruído para fazê-los compreender que o Cristianismo substituía a religião asteca. Esse acontecimento arrasador causou tão grande impacto nos mexicanos que, por vários anos depois das aparições, eles se referiam à sagrada imagem chamando-a de "Tonantzin" (Nossa Mãe) ou de "Teo-nantzin" (Mãe de Deus). Essa expressão sincera de sua devoção era reprovada por alguns missionários que temiam que os conduzisse inconscientemente de volta ao paganismo.

O recente apostolado de Juan Diego assim foi descrito por Helen Behrens: "Quando se terminou de construir a pequena capela na colina de Tepeyac, cujo tamanho era de cerca de 5m por 5m, o bispo Zumárraga nomeou Juan Diego como encarregado dele. Depois partiu para a Espanha, onde permaneceu até o ano de 1534. Entretanto, estava seguro de que Juan era a pessoa mais capaz e mais digna para ser o guardião desse maravilhoso tesouro enviado dos céus. Juan Diego falava o nahuatl e era cristão. Explicava a religião do homem branco aos indígenas que acudiam para ver a imagem. Contava a história das aparições e repetia sempre as palavras da Santíssima Virgem milhares de vezes, até que todos conhecessem a história. Quando os indígenas se apresentavam perante os missionários, já iam convertidos por Juan Diego. Não existe outra explicação para a assombrosa conversão em massa dos astecas".

Tendo iniciado os mexicanos nas doutrinas básicas do Cristianismo, Juan Diego os enviava aos missionários que terminavam o trabalho de evangelização. Por providência divina, já existiam meios de comunicação adequados no vasto país, pois as cidades se ligavam regularmente graças a velozes mensageiros. Como resultado, as notícias sobre os acontecimentos milagrosos de Tepeyac e sobre o apostolado de Juan tornaram-se de conhecimento comum em todos os rincões. Como o México era um país onde as artes floresciam, circularam de costa a costa milhares de cópias de quadros da sagrada imagem com a história das aparições escrita em códigos e, assim, proporcionavam aos habitantes, mesmo os que estavam mais distante, um relato vívido, audiovisual, completo, da dramática história.

Até o ano de 1531, o Sacramento do batismo havia sido ministrado principalmente aos enfermos e às crianças – as instituições eclesiásticas assumiam o encargo dos inumeráveis órfãos de guerra. A grande maioria dos astecas adultos havia resistido aos esforços dos missionários, já que se converter ao Cristianismo significava o abandono da poligamia. Entretanto, quando o culto a Nossa Senhora de Guadalupe começou a espalhar-se através do país, um grande número de nativos de todas as cidades e classes começou a desejar um novo código moral, baseado no exemplo da Mãe "do Deus do homem branco", que agora unicamente podia ser a mãe do Verdadeiro Deus, sua "Mãe Pura", que havia cativado suas mentes e seus corações com sua radiante pureza, virtude e amor.

Como consequência, os poucos missionários do país logo ficaram extremamente atarefados, pregando, doutrinando e batizando. O pingar das conversões rapidamente se transformou em um rio, e esse rio em uma inundação, a tal ponto que provavelmente não tenha tido precedentes na história do Cristianismo. Nessa época, a Igreja perdeu cerca de 5 milhões de católicos devido à Reforma Protestante na Europa; porém esse número foi recuperado em poucos anos com a conversão de mais de 9 milhões de astecas.

Um famoso pregador mexicano do século XIX, o Doutor Ibarra Chilapa, relatou essa "enxurrada" de conversões escrevendo o seguinte:

"É certo que imediatamente depois da conquista alguns homens apostólicos, missionários zelosos de seu dever, conquistadores pacíficos e amáveis, que estavam dispostos a não derramar outro sangue que não fosse o seu, dedicaram-se ardorosamente à conversão dos indígenas. Entretanto, esses homens valentes, apesar de seus esforços, obtiveram poucos e limitados resultados, quase nada, por seu reduzido número e pelo território tão extenso que tinham de cobrir e pelas dificuldades que tinham para aprender os vários dialetos linguísticos.

Logo, porém, a Santíssima Virgem de Guadalupe apareceu tomando posse de sua herança, e a fé católica se estendeu através do extenso território e mais além dos limites do antigo Império do México, com a rapidez da luz do sol nascente.

Incontáveis multidões de cada tribo, de cada distrito, de cada raça, pertencentes a esse imenso país e que eram profundamente supersticiosas, governadas à base da crueldade, oprimidas por toda a sorte de violências, totalmente degradadas, reagiram ante o confiante anúncio da admirável e prodigiosa aparição de Nossa Senhora de Guadalupe; reconheceram sua natural dignidade; esqueceram-se de suas desgraças; deixaram de lado seu instinto feroz; e, incapazes de resistir a tais demonstrações de doçura e ternura, chegaram, sempre em multidões, para depositar seus agradecidos corações aos pés da afetuosa Mãe e mesclavam suas lágrimas de emoção com as águas regeneradoras do batismo.

Foi Nossa Senhora de Guadalupe que obteve incontáveis prodígios de conversão para a fé, com as irresistíveis atrações de sua graça e com as delicadas demonstrações de sua amável caridade. Por isso, Ela pode nos dizer com maior razão que o Apóstolo São Paulo aos Coríntios: 'Mesmo que tivessem dez mil preceptores e mestres na fé em Jesus Cristo, somente Eu, como sua terna Mãe, os gerei e os dei à luz!' (Numa alusão a 1Cor 4,15)".

Todos os missionários estavam esgotados com as intermináveis multidões que solicitavam a doutrina e o batismo. Alguns sacerdotes tiveram de ministrar o batismo seis mil vezes num só dia! Um deles, o padre Toríbio, escreveu: "Se eu não houvesse presenciado com meus próprios olhos, não me atreveria a me referir a isso. Mas, tenho de afirmar que no Convento de Quecholac outro sacerdote e eu batizamos catorze mil e duzentas almas em cinco dias, impondo-lhes, em todos eles, o Óleo dos Catecúmenos e o Santo Crisma, uma tarefa de não pouco trabalho".

Para onde viajassem os missionários, ao encontro deles saíam famílias inteiras, vindas de seus poeirentos povoados, rogando-lhes através de sinais que derramassem água benta sobre suas cabeças. Outros lhes suplicavam de joelhos para que lhes ministrassem o Sacramento ali mesmo. Quando a quantidade de nativos era demasiadamente numerosa e os missionários não eram suficientes, formavam os homens e as mulheres em duas colunas, separadas atrás de uma tábua transversal. Quando se aproximavam, o primeiro sacerdote rapidamente lhes impunha, em cada um, o Óleo dos Catecúmenos. Segurando velas acesas e cantando hinos, dirigiam-se para o segundo sacerdote que estava parado ao lado da Pia Batismal. Enquanto se ministrava o Sacramento do batismo, as filas se encaminhavam lentamente para o primeiro sacerdote que lhes ministrava o Santo Crisma. Então, os esposos e as esposas uniam suas mãos, pronunciando, juntos, os votos matrimoniais para receberem o Sacramento do Matrimônio.

Vários escritores contemporâneos, confiáveis, incluindo certo Padre Alegre, afirmaram que um missionário, um Franciscano flamengo, de nome Pedro de Ghent batizou com suas próprias mãos mais de um milhão de mexicanos.

"Quem não reconheceria o Espírito de Deus ao impulsionar tantos milhões, para lhes permitir sua entrada no reino de Cristo!", escreveu Anticoli, S.J. "Quando consideramos que não ocorreu outro presságio ou outro evento sobrenatural que atraísse tais multidões, nada que não fossem as aparições da Virgem, podemos estabelecer com segurança que foi a visão da Rainha dos Apóstolos que trouxe a fé aos indígenas."

Durante o despertar dessa fenomenal conquista missionária, por todo o país se construíram Igrejas, mosteiros, conventos, hospitais, escolas e oficinas. Em 1552, fundou-se por Decreto real e papal a Universidade do México (hoje, a maior do mundo), colocando-a no mesmo plano que a afamada Universidade de Salamanca, na Espanha.

Criaram-se novas sedes episcopais e não se passou muito tempo até que o México católico enviasse seus próprios missionários nativos para o estrangeiro, especialmente para a Flórida, para a Califórnia e para tão longe, como para o Japão, onde São Felipe de Jesus e seus companheiros, mártires gloriosos, sofreram por causa da fé em 1597.

A capela de Tepeyac

Nesse meio tempo, Juan Diego continuava encarregado da pequena capela em Tepeyac, levando uma vida de grande austeridade e humildade. A sagrada imagem encontrava-se entronizada sobre um pequeno altar, diante do qual Juan Diego passava longas horas em devota contemplação. O bispo lhe deu permissão para receber a Sagrada Comunhão três vezes por semana, um privilégio quase incomum naqueles dias.

"Seu semblante e sua aparência pareciam ter adquirido uma nova dignidade", escreveu o Dr. C. Wahlig, O.D. "Sua frugalidade e disciplina revelavam o refinamento de um asceta. Chegou a ser respeitado como um homem de grande cultura e de pensamento profundo, como correspondia a um homem que levava uma vida muito santa."

Durante o Processo de Informação, em 1666, uma testemunha, cujos antepassados provavelmente haviam conhecido muito bem Juan Diego, afirmou o seguinte: "Sempre era visto continuamente ocupado com os assuntos de Deus. Chegava pontualmente às orações e aos ofícios divinos, nos quais frequentemente tomava parte ativa. Os indígenas de sua época o consideravam um homem santo. Chamavam-no de 'o peregrino', porque o viam ir e vir a pé. Os nativos o visitavam com frequência, pedindo-lhe que intercedesse por eles à Santíssima Virgem, já que todos o consideravam um homem santo, porque somente a ele a Virgem Maria havia se mostrado. Por outro lado, sempre o encontravam fazendo penitência, muito contrito".

Em certa ocasião, entre 1544 e 1548, conforme o cálculo dos historiadores, frei Juan de Zumárraga chegou à capela e pediu a Juan que lhe indicasse o lugar exato da quarta aparição. Juan Diego guiou o bispo pela encosta da colina de Tepeyac e, enquanto vacilava, tentando lembrar-se do lugar onde a Senhora o havia interceptado quando se apressava para ir buscar um sacerdote para seu tio enfermo, surgiu da terra, a curta distância, uma fonte de água.

Foi então que Juan se lembrou de que aquele era o ponto exato onde a Virgem lhe havia falado, pedindo-lhe que subisse ao topo da colina e recolhesse as flores para levá-las ao bispo.

A água era, e ainda é, clara e aromática, embora seu gosto não seja agradável, já que é ligeiramente ácida. Os peregrinos a apreciaram rapidamente, pois provinha da Santíssima Virgem, e muitos enfermos declararam estar curados depois de bebê-la ou de molhar seus corpos com ela. Em 1582, Miles Phillips, um viajante inglês, registrou: "Existem aqui fontes frias de onde a água jorra como se estivesse fervendo; seu sabor é ligeiramente salgado, porém é excelente para aqueles que com ela banham suas chagas ou feridas. De acordo com o que se diz, por meio dela se curaram muitas pessoas".

Três séculos depois, um racionalista francês de nome Eugênio Boban escreveu: "O manancial (de Guadalupe) encontra-se no centro de uma pequena capela de estilo mouro, muito interessante. Uma multidão, carregando garrafas e jarras de todos os tamanhos e formas, apinha-se em torno para apanhar de sua fonte a água milagrosa, exatamente como a água de Lourdes, levando-a para curar qualquer enfermidade".

Uma sequência interessante sobre o que se disse anteriormente é relatada pelo Fr. Bruno Bonnet-Eymard, membro efetivo do Centro de Estudos Guadalupanos, na França.

Referindo-se a sua visita a Guadalupe, em dezembro de 1979, escreveu: "De volta, eu trouxe comigo um pouco da água da fonte e, pouco tempo depois, eu a dei a beber a um homem jovem, cuja situação era desesperadora. Hoje, ele goza de perfeita saúde, sem nenhuma outra intervenção. Aqueles que lhe são próximos, que não sabem de nada a respeito, dizem que sua recuperação é inexplicável. Não estou declarando que sua cura tenha sido milagrosa, mas exponho o que vi e o que vejo para mostrar, como dizia o Padre Beltran, 'a confiança fiel' que podemos depositar na proteção da Santa Maria de Guadalupe".

Voltando a nossa história, Juan Diego continuou seu apostolado na capela, enquanto o México vivia o bom regime da Segunda Audiência, encabeçada pelo bispo Sebastião Ramirez y Fuenleal. A exploração sofrida pelos mexicanos nas mãos dos soldados espanhóis foi decrescendo consideravelmente, conforme as duas raças contraiam matrimônio e, unidas, entrosavam-se em harmonia social e religiosa. A forma de governo exercida pelo bispo foi seguida pela sábia administração do Marquês de Mendoza, primeiro Vice-rei, e depois por uma longa lista de vice-reis e Arcebispos que brindaram o país durante quase duzentos anos com paz e estabilidade política.

Em 1544, morreu Juan Bernardino com a avançada idade de 84 anos e consta que antes de morrer foi favorecido com outra visão da Senhora de Tepeyac. Por ordem do bispo Zumárraga, foi enterrado sob a capela. Quatro anos depois faleceu Juan Diego, no dia 30 de maio de 1548. De acordo com uma piedosa tradição, a Imaculada Senhora de suas visões, que o havia chamado de "filho muito amado" e de "filho mais amado", mais uma vez apareceu a ele para consolá-lo em seu leito de morte. A casa de Juan na capela transformou-se em Batistério, enquanto que a casa de seu tio em Tolpetlac transformou-se em uma pequena capela. Na parede do Batistério, colocou-se uma placa comemorativa que dizia:

"Neste lugar, Nossa Senhora de Guadalupe apareceu a um indígena de nome Juan Diego, que está enterrado nesta igreja".

O nome venerável de Juan permaneceu nas casas e nos corações de milhões de mexicanos. O padre George Lee, C.S.Sp., escreveu:

"É surpreendente a semelhança moral que existe entre ele e os pobres e fervorosos indígenas: ingênuos, dignos, místicos, frequentemente realizam um intercâmbio pessoal com o céu, que os arrebata completamente para fora de seus insignificantes arredores. Penso que estão embevecidos pelo exemplo e pela intercessão de Juan Diego. Existem muito poucas pessoas entre os santos não canonizados da Igreja mais belos e que produzam bons frutos que Juan Diego".

Em 1548, Frei Juan de Zumárraga foi designado o primeiro Arcebispo do Novo Mundo. Durante o mês de maio desse ano, levou a cabo uma extenuante viagem ao longínquo povoado de Tepetlaoztoc, onde batizou, crismou e casou cerca de 14.000 mexicanos. Ao regressar para a Cidade de México, encontrava-se seriamente doente e foi em seu leito de morte que escutou a notícia do falecimento de Juan Diego. Recebeu a notícia com resignada fé. Sabia que não deveria preocupar-se com a segurança da sagrada imagem, ainda que seu primeiro guardião já não estivesse mais entre eles.

Sem dúvida, voltou-se com confiança para a Santíssima Virgem, suplicando-lhe velar pela imagem nos anos vindouros.

Também não podia pôr em dúvida que um dia seria construído em Tepeyac um glorioso templo, realmente digno da Rainha do Céu.

Um criado levou-lhe a notícia da morte de Cortés seis meses antes, em Sevilha.

Com uma oração a Nossa Senhora de Guadalupe nos lábios, Zumárraga morreu três dias depois que Juan Diego o precedeu à eternidade e à presença de Nossa Senhora de Tepeyac.

IV
AS BASES HISTÓRICAS DE GUA-DALUPE

É importante que façamos uma pausa para pesquisar as bases históricas das aparições em Tepeyac, antes de continuar relatando o desenvolvimento do culto a Nossa Senhora de Guadalupe. Isso poderia, a princípio, parecer desnecessário, já que a realidade das aparições parece inquestionável, particularmente com a evidência das imensas consequências de grande alcance que se manifestaram depois.

Infelizmente, a maioria dos documentos originais referentes ao grande evento de 1531 não sobreviveu aos séculos e os críticos racionalistas não pararam de tentar provar que as aparições eram somente um mito, que o retrato sagrado não era mais que um simples quadro e que o culto a Nossa Senhora de Guadalupe estava baseado na superstição, e que era produto de uma ligação entre crendices pagãs e as crenças cristãs.

É um sintoma de nossa incrédula época atual que acontecimentos anteriores que provam ter uma origem sobrenatural, inquestionável – como os milagres de Cristo e aqueles alcançados através dos santos –, sejam explicados como meras "lendas" ou "mitos piedosos". No caso de Guadalupe, alguns intelectuais agnósticos exploraram ao máximo tanto a escassez de documentos originais e outros fatores, tais como o silêncio que guardou o bispo Zumárraga, no que se referia às aparições, e o conhecido sermão de Frei Francisco de Bustamante, em 1556, divulgando que a sagrada imagem era apenas "uma pintura indígena".

Por isso, é importante demonstrar que tanto as aparições como o próprio retrato celestial e o culto a Nossa Senhora de Guadalupe estão baseados em fatos históricos e solidamente reais. Isso independentemente do fato de que recentes investigações da ciência moderna comprovaram a origem sobrenatural da sagrada imagem.

Pode-se explicar parcialmente que a escassez de documentos originais relativos a Guadalupe deve-se à grande insuficiência de papel no México naqueles tempos, conforme firmes evidências, como veremos adiante; especialmente, porém, pelo simples fato da existência do quadro milagroso, venerado em Tapeyac, que era por si só suficiente evidência para os mexicanos, um povo desacostumado a guardar o registro dos acontecimentos. Foi essa a razão pela qual provavelmente não se lhes ocorreu registar por escrito a crônica das aparições.

A história do império asteca antes da chegada dos espanhóis é compilada, quase que em sua totalidade, através de testemunhos posteriores reunidos através dos relatos da conquista e das transcrições de códigos indígenas copiados por Boturini, Gama, Pichardo e outros, vários séculos depois, já que os originais haviam se perdido.

Embora não se possa afirmar com segurança até que ponto foram responsáveis esses dois motivos pela insuficiência de registros contemporâneos sobre Guadalupe, não é necessário enfatizar com firmeza que a evidência escrita sobre acontecimentos do passado não é o único fator que se requeira para sua validade.

Deve-se levar em conta o valor da tradição, alguma coisa transmitida de geração em geração por pessoas que crêem seriamente na importância de sua preservação.

"Realmente a tradição, em seu melhor sentido eclesiástico, é toda a verdade transmitida (*tradita*) e toda a verdade por transmitir-se (*tradenda*), é a única história completa", conforme foi escrito por Fr. George Lee.

No caso de Guadalupe, a crença tradicional nas aparições e na imagem milagrosa fluiu extensa e profundamente através dos corações de muitos milhões de mexicanos, desde a metade do século XVI até nossos dias.

Como podemos constatar, a evidência dessa tradição viva se mantém decisivamente por indiscutíveis provas, e ainda que escassamente documentadas.

Havíamos nos referido anteriormente aos códigos mexicanos que descreviam as aparições, acompanhados por cópias pintadas da sagrada imagem que circularam por todo o país. Esses relatos realizados em forma hieroglífica, isto é, por meio de ideogramas figurativos, eram memorizados por cantores que os declamavam a povos inteiros. Com o desenvolvimento da educação, a história foi traduzida para o idioma mexicano Nahuatl, utilizando caracteres latinos. A cópia mais antiga dessa tradução, que ainda existe, foi encontrada nos arquivos do Santuário de Guadalupe, no ano de 1649 e, embora já houvesse passado mais de um século desde o acontecimento de 1531, os estudiosos reconheceram que essa edição pertencia indubitavelmente ao período que se seguiu imediatamente às aparições.

Acredita-se que seu autor foi Dom Valeriano, um nobre asteca que escreveu mais tarde o célebre "Nican Mopohua", um relato muito mais compreensível e sobre o qual falaremos depois.

Sobreviveram ao passar dos séculos algumas outras referências escritas sobre as aparições, algumas das quais são casuais, outras, porém, têm um sentido muito mais claro e confirmatório.

Por exemplo: o testamento de um parente de Juan Diego contém esta passagem: "Por meio dele (Juan Diego), realizou-se o milagre sobre a colina de Tepeyac, onde apareceu a amada Senhora, Santa Maria, cujo amável retrato admiramos em Guadalupe". Outros testamentos do século XVI, ainda existentes, mencionam o Santuário de Tepeyac. Bartolomeu Lopes de Colima escreveu em 15 de novembro de 1537: "É meu desejo que se celebrem cem Missas, pelo repouso de minha alma na Casa de Nossa Senhora de Guadalupe, cujo custo será deduzido de minha fortuna". Do mesmo modo, ainda existem outras evidências anteriores a 1556, de vários testemunhos confirmando a propagação do culto à Virgem de Guadalupe.

É de primordial importância o inquestionável documento autêntico encontrado recentemente nos registros mexicanos da Biblioteca Nacional de Paris, a cerca de 9700 km de distância de Guadalupe. Trata-se do testamento de Dom Francisco Verdugo Quetzalmamalitzan, chefe de Teotihuacan, fechado aos 2 de abril de 1563:

"O que ordeno em primeiro lugar é que, se Deus me resgatar desta vida, devem dar a Nossa Senhora de Guadalupe quatro pesos de esmola, para que o sacerdote a cargo da igreja diga Missas por meu repouso".

O que resulta desse testamento é que menciona um acontecimento que é citado também no "Nican Motecpana" (um documento com data posterior ao "Nican Mopohua", que trata dos milagres atribuídos à sagrada imagem), que menciona como Teotihuacan se livrou de uma severa repressão depois de uma insurreição local através da intercessão de

Nossa Senhora de Guadalupe. A data desse episódio citada pelo autor do testamento difere da mencionada no "Nican Mopohua" somente em um mês. O Fr. Bruno Bonnet-Eymard diz: "Esse erro é a garantia da independência dos dois documentos; um confirma a autenticidade do outro".

Em 1790, o Dr. Bartolacho, autor de um famoso livro sobre Guadalupe, conseguiu decifrar uma anotação encontrada nos Anais Tlaxcaltecas, na biblioteca da Universidade do México. Dizia: "Ano 1531: apareceu a Juan Diego a amada 'Senhora de Guadalupe de México', chamada de Tepeyac. Ano de 1548: morre Juan Diego a quem apareceu a amada Senhora de Guadalupe de México".

Nessa mesma Universidade, existe também um manuscrito muito antigo que detalha a história das aparições, sobre a qual um Dr. Uribe declarou publicamente em 1777 (em uma época em que qualquer pessoa podia verificar sua história): "A história desse mesmo (milagre) em idioma mexicano encontra-se hoje nos arquivos da Real Universidade; sua idade, embora não se conheça o ano, é reconhecida como muito próxima da época das aparições. Isso se comprova tanto pela forma dos caracteres como pelo papel, que é feito da mesma fibra que era utilizada pelos indígenas antes da conquista".

Em 1686, o padre Francisco Florencia, teólogo Jesuíta, escreveu o seguinte: "Antes da grande inundação da cidade (1629-1634), no dia em que celebrava a festa das célebres aparições, os mexicanos estavam acostumados a reunir-se em imensas multidões com roupas festivas de rica plumagem. Depois formavam um círculo que ocupava toda a área em frente à igreja, dançavam ao ritmo de música e, conforme o costume, dois anciãos tocavam um instrumento chamado 'teponaztli'. Ao mesmo tempo e a um compasso de acordo com sua língua, os músicos cantavam canções sobre as Aparições da Santíssima Virgem a Juan Diego, sobre as mensagens que a Suprema Senhora lhe pedira que transmitisse ao bispo dom Frei Juan de Zumárraga, sobre a recepção das flores, quando a Mãe de Deus as deu a Juan Diego, quando mostrou as flores na presença do bispo sobre o Santo retrato que apareceu em seu manto ou 'tilma'. Em suma, cantavam os milagres que a sagrada imagem havia realizado no dia em que foi colocada na primeira capela, assim como as louvações e a alegria com que os nativos haviam celebrado o acontecimento". O Padre Florencia deve ter visto esse espetáculo quando ainda era menino ou escutou o relato de seus pais.

Supostamente, escreveu-se uma narrativa completa da história de Guadalupe que foi aceita como genuína, embora a cópia original não se tenha conservado. Foi redigida em alguma ocasião entre 1548 e 1554 por um nobre asteca, mencionado anteriormente, que no dia de seu batismo recebeu o nome de Antônio Valeriano.

Tratava-se de um intelectual de considerável posição. Escreveu sua história em linguagem nahuatl. É conhecida universalmente como o "Nican Mopohua", o que significa "Aqui se conta...", as duas primeiras palavras com que inicia seu relato, continuando como segue:

"Aqui se conta em ordem e de acordo como há pouco tempo, a sempre Virgem Maria, Mãe de Deus, Nossa Rainha, de nome Guadalupe, apareceu em Tepeyac".

Segundo o historiador Padre Mariano Cuevas, Dom Valeriano nasceu em Azcapotzalco no ano de 1529 e era sobrinho do Imperador Moctezuma.

Com a idade de 13 anos, entrou para o Colégio de Santa Cruz em Tlatelolco, que fora recentemente fundado pelo bispo Zumárraga.

Foi estudante brilhante, o primeiro graduado a ter distinções em Latim e em Grego, tornando-se Professor de Filosofia e durante vinte e cinco anos foi o Decano do Colégio. Além disso, prestou serviços como juiz e por mais de trinta e cinco anos foi governador da Cidade de México, demonstrando um excepcional talento administrativo. Pelo fato de ter sido amigo íntimo de Juan e de seu tio, teve as vantagens de obter informações de primeira mão para registrar a história.

Dom Valeriano morreu em 1605 sem deixar herdeiros. Legou todos os seus escritos a um sobrinho distante, dom Fernando de Alba Ixtlilxochitl, que os legou a seu filho dom Juan. Quando este último morreu em 1682, todos os livros e os documentos passaram para o Decano da Catedral Metropolitana da Cidade de México, dom Carlos de Sigueza y Góngora. Depois de sua morte no ano de 1700, foram doados ao Colégio Jesuíta São Pedro e São Paulo, conforme foi informado por dom Antônio Pompa y Pompa, Diretor do Museu Nacional de Arqueologia e Antropologia e historiador oficial de Guadalupe.

Quando os Jesuítas foram expulsos do país em 1767, os documentos foram entregues à Universidade do México. Desafortunadamente, esses documentos desapareceram durante a ocupação da cidade por tropas americanas na guerra mexicana de 1847.

Depois de uma exaustiva busca, foram localizadas cópias no México e na Biblioteca da Sociedade Hispânica na América, em Nova York, bem como cópias do já referido "Nican

Motecpana". Sobre este último, o pouco que se conhece é que parece ter sido o trabalho de um devoto intelectual de nome Fernando de Alba, aquele sobrinho afastado de dom Valeriano.

Dom Bernal Diaz del Castillo, historiador e soldado que acompanhou Cortés durante sua campanha no México em 1568, escreveu: "Observem a Casa Santa de Nossa Senhora de Guadalupe... e contemplem os milagres sagrados que realizou e que realiza dia a dia".

Vinte e um anos depois, Suárez de Peralta anotou em seus "Bosquejos de Nueva España" a chegada do Vice-rei ao Santuário: "Chegou diante de Nossa Senhora de Guadalupe, que é uma imagem de grande devoção, a 10 km da Cidade de México. Realizou grandes milagres e o país inteiro logo se dedicou a essa veneração".

Papa Bento XIV

Na metade do século XVII, os interesses se concentraram nas "Atas Jurídicas", no que se referiam às visões e à Capela de Tepeyac. Em 1640, o Departamento de Registros Públicos da Cidade de México assegurou a Frei Miguel Sánchez, importante teólogo e autor de livros, que certa vez essas "Atas" estiveram em seu poder. Pouco depois, durante o Processo Apostólico de Guadalupe em 1666, Sánchez testemunhou ter visto o Dr. de la Torre, decano da Catedral, e também Garcia de Mendoza, Arcebispo de México, "lendo com grande carinho as 'Atas e Processos' da referida aparição". Posteriormente, seu testemunho foi comprovado pelo Sumário de Bento XIV escrito em 1754, depois de uma exaustiva investigação sob cada aspecto da história guadalupana. Assegurando que as "Atas Jurídicas" se haviam perdido, Sua Excelência, porém, acrescentou: "É seguro que alguma vez existiram".

Por tudo isso que se afirmou anteriormente, é evidente que, apesar da escassez de documentos originais, a crença nas aparições de Nossa Senhora de Guadalupe se fundamenta em bases históricas firmes, somada à imperecível tradição sobre o grande acontecimento nos corações dos mexicanos. Como o cardeal Lorenzana expressou em seu sermão em Guadalupe: "Lamentamos a perda das Atas de Autenticação do milagre; entretanto, não nos fazem falta porque permanecem escritas nos corações de nativos e de espanhóis. Quando ocorreu o evento, não existiam secretários, notários ou arquivos; seu testemunho, porém, é substituído com vantagem pela tradição perpetuada nas anotações hieroglíficas e mapas dos mexicanos".

Antes de terminar este resumo da evidência histórica, é necessária uma explicação no que se refere ao silêncio do bispo Zumárraga.

À primeira vista, parece inexplicável, já que o prelado se encontrava no centro desse sublime drama. A única carta sobre as aparições que se crê que ele tenha escrito – pelo menos a única de que temos conhecimento – era dirigida ao

Convento de Calahorra em Victória, na Espanha. Embora essa carta não possa mais ser procurada, na segunda metade do século XVIII um Delegado Franciscano, frei Pedro de Mezquia, assegurou que "viu e leu uma carta do arcebispo dirigida a esse convento, relatando exatamente como aconteceram as aparições de Nossa Senhora de Guadalupe". Significativamente, nenhum de seus contemporâneos Franciscanos negou a existência dessa carta.

Até o dia de hoje, porém, nada mais se encontrou escrito pelo bispo Zumárraga sobre Guadalupe, nem apareceram registros de seu testamento, assim como documentos desconhecidos ou perdidos por um longo tempo, pertencentes ao século XVI no México e que ocasionalmente são dados à luz em arquivos de vários países.

Já comentamos a constante falta de papel no México durante o episcopado de Zumárraga. De fato, o Sumário de Bento XIV em 1754 revela que nem sequer aparecia uma assinatura do bispo no México. Em uma carta dirigida ao Imperador Carlos V em 1538, Juan de Zumárraga se queixa: "Devido à escassez de papel, é pouco o progresso que realizamos com nossa imprensa. Esse é um obstáculo que nos impede a publicação de muitos trabalhos que temos planejado assim como daqueles que devem ser reimpressos".

Entretanto, existia uma razão mais poderosa para o silêncio quase total do bispo sobre Guadalupe, que acidentalmente se assemelha ao silêncio que envolveu o "Santo Sudário", no século XIV.

Vimos que na época das aparições os astecas estavam por iniciar uma insurreição geral contra o despotismo espanhol. Zumárraga, como chefe da Igreja mexicana e Protetor Oficial dos Nativos, achou-se encurralado entre dois fogos: de um lado, o martírio nas mãos dos vingativos astecas e, por outro lado, a administração civil. Os gananciosos conquistadores não vacilaram em retirar os sacerdotes de seus púlpitos, ameaçando-os com a violência física, se eles se atrevessem a apoiar os direitos humanos dos indefesos nativos. Depois da destituição do déspota Guzmán pelo Imperador Carlos V, os ânimos continuaram inflamados por algum tempo e só começaram a enfraquecer sob a influência dos ardentes raios da aparição em Tepeyac. Por essa razão, Zumárraga era forçado a atuar com cuidado. Construiu a capela no lugar das aparições e promoveu seu culto discretamente, já que proclamar abertamente o fato de que o céu havia favorecido um pobre mexicano poderia ter sido interpretado pelas autoridades como uma provocação política e deliberada.

Em consequência, o bispo demonstrou extrema prudência por um bom número de anos e, para completar seus problemas, logo teve de enfrentar um novo pronunciamento de uma origem completamente diferente que se apresentou agora em lugar da diminuída perseguição.

Um grande número de sacerdotes e missionários no país adotou a equivocada doutrina de Lutero, que pregava contra a veneração de imagens e estavam convencidos de que a apaixonada devoção que os nativos sentiam pela sagrada imagem de Tepeyac representava uma inclinação muito perigosa naquela direção. Por isso, preocupavam-se com o fato de que um grande número de mexicanos havia recebido o batismo, unicamente como resultado da contemplação do retrato sagrado e não por instrução catequética ou preparação para a vida cristã.

Essas preocupações agravaram-se pela inquietante descoberta de que alguns dos cristãos recentemente batizados ainda se entregavam a vestígios de suas tradições pagãs, ocultando ídolos debaixo de seus crucifixos, adorando-os às escondidas. O padre Chauvet escreveu a respeito: "Foi informado aos missionários como se escondiam ídolos ao pé da cruz ou nos degraus, debaixo das pedras, para fingir que veneravam a cruz, enquanto que adoravam o demônio. À luz dessas informações, eles (os missionários) determinaram que não se encorajaria ou não se favoreceria mais o culto de nenhuma imagem ou templo em particular".

Essa postura claramente iconoclasta e pastoralmente herética foi a causa de muitos atritos na recém-iniciada Igreja Mexicana. Se esses missionários tivessem se precavido dos relativamente poucos convertidos antes das aparições, comparados com as multidões que desejavam o Batismo como resultado da contemplação da sagrada imagem, seguramente teriam reconhecido a evidência da intervenção direta de Deus e, como consequência, seu dever teria sido dirigir suas forças para uma campanha de catequização sistemática com o propósito de aniquilar os últimos vestígios do paganismo.

Os missionários eram uma força que devia ser levada em consideração; portanto, podemos entender a decisão do bispo Zumárraga sobre esse dilema: não defender a causa da sagrada imagem tão abertamente. Talvez, suas precauções fossem justificadas à luz dos acontecimentos que depois aconteceram.

Em 1556, o novo Arcebispo, dom Alonso de Montufar, que não era tão reservado no que dizia respeito à sagrada imagem, fez um sermão em sua catedral em honra de Nossa Senhora e de seu quadro milagroso, usando como texto: "Benditos sejam os olhos que veem as coisas que tu vês!" (Mt 13,16). Recordou à assembleia como na primeira sessão do

Concílio Lateranense: "ordenaram-se duas coisas, sob pena de excomunhão reservada ao Sumo Pontífice. A primeira era que ninguém deveria difamar os prelados; a segunda, que ninguém deveria pregar sobre milagres falsos ou incertos". Em outras palavras, o arcebispo desafiava aqueles que pudessem censurá-lo por defender o culto a Nossa Senhora de Guadalupe.

Dois dias depois, Montufar viajou até a capela e disse aos nativos recém-batizados que estavam orando ali: "como deviam entender a devoção à sagrada imagem de Nossa Senhora, que não deviam venerar nem o retábulo e nem o retrato, senão a própria Santíssima Virgem que assim era representada". A reação de seus opositores foi imediata e esmagadora.

Mais tarde, nesse mesmo dia, o franciscano da província, Frei Francisco de Bustamante, pregava a uma assembléia reunida, ao oficiar Missa na Catedral de México, plenamente ciente de que entre os fiéis se encontravam o Vice-rei do país e seus magistrados. Atacou abertamente o culto à sagrada imagem, porque "era muito prejudicial para os nativos, já que alimentavam a crença de que o retrato que havia sido pintado por algum indígena realizava milagres e que, consequentemente, era um deus, enquanto que os missionários haviam se esforçado para fazer os gentios entender que as imagens eram somente figuras de madeira e pedra e que não deviam ser adoradas..."

Essas palavras causaram um grande escândalo e, no dia seguinte, o arcebispo indignado abriu uma averiguação judicial sobre o infeliz episódio, durante a qual quase todas as testemunhas se colocaram contra Bustamante e seus irados defensores. Durante as semanas seguintes, a aspereza entre os dois partidos cresceu tão ferozmente que o Vice-rei teve de intervir para evitar alguma desgraça. Entretanto, Montufar, impedido de incitar procedimentos canônicos contra Bustamante, retirou dos Franciscanos a guarda da capela de Tepeyac que, dadas as circunstâncias, era a única ação efetiva que podia levar a cabo.

Esse lamentável episódio, contudo, ainda que tenha estimulado uma devoção maior à sagrada imagem, comprovou que a prudência anterior de Zumárraga havia sido a decisão mais sábia. Como resultado, desceu sobre Guadalupe como que um manto de silêncio oficial, imposto, segundo se acredita, por Carlos V na Espanha. Esse fato por si mesmo certamente explica a escassez de documentos originais sobre Guadalupe.

Provavelmente, é mais que mera coincidência o destino semelhante que atingiu o "Santo Sudário", quando Pierre d'Arcis declarou àqueles que reconheciam como genuína a relíquia, "que a referida tela fora astuciosamente pintada". O papa Clemente VII viu-se obrigado a intervir (em 1389), impondo silêncio a ambas as partes envolvidas na questão, ao mesmo tempo em que permitiu que se continuasse a veneração do Sudário, com a condição de que se considerasse "uma representação" do lençol do sepulcro de Cristo. Como consequência, ainda permanece envolta em mistério a posterior doação do Santo Sudário à família Charney.

Não obstante, o incidente sobre Bustamante é importante em um aspecto: a existência comprovada de um sermão confirma que, antes do ano de 1556, a sagrada imagem já era objeto de grande veneração e, portanto, aceita como de origem milagrosa.

V
O DESENVOLVIMENTO DO CULTO

Durante o século seguinte, a pequena capela de Tepeyac, conhecida como "la ermida de Zumárraga", sofreu várias modificações e reformas em sua estrutura, mas o delicado tecido da sagrada imagem permanecia exposto na úmida parede de pedra sobre o altar, onde era tocado e beijado por literalmente milhões de entusiasmados peregrinos, sem lhe ocorrer o mais leve dano. As multidões que se apinhavam dentro da pequena capela pareciam crescer a cada ano que passava e sua fé e fervor eram recompensados por inúmeros milagres.

No ano de 1600, inaugurou-se uma capela maior (que agora é a sacristia da igreja paroquial), assistindo a esse acontecimento o Vice-rei, o decano Metropolitano e outros dignitários civis e religiosos, em presença da maior multidão jamais vista antes em Tepeyac. O nome e a fama do santuário já haviam percorrido quilômetros e quilômetros através do mundo. Agora, Guadalupe era reverenciada como "A Cidadela do México" e "O Cenáculo do Novo Mundo".

Capela de El Pocito

No ano de 1622, a capela foi ampliada para se tornar uma igreja de tamanho mais apropriado. A imagem sagrada foi trasladada novamente, entretanto, em perfeito estado de conservação, apesar do fato de que a delicada fibra de maguei (uma espécie de junco) com que era fabricada a tilma tinha um tempo de vida normalmente de vinte anos.

De acordo com o historiador Jesuíta, Padre Francisco de Florencia, o novo edifício "é de tamanho adequado e de bela arquitetura, com duas portas, uma olhando para o lado leste que leva a um espaçoso cemitério. Cujas paredes estão adornadas, com vista para a praça, e é coroada por magnífica cruz de pedra talhada. A outra porta olha para o sul, quase diretamente para a Cidade de México; seu grande portal e suas duas torres emprestam grandiosidade à estrutura. Seu telhado é de duas águas, com painéis delicadamente trabalhados, principalmente sobre a capela principal que tem a forma de uma pinha dourada e onde se penduram mais de setenta lâmpadas de prata, tanto grandes como pequenas".

E continua sua descrição: "O altar-mor, voltado para o Norte, possui um retábulo muito bem esculpido, dividido em três seções: está construído em alto-relevo, dando brilho a seu redor. No meio dele, observamos um tabernáculo de prata maciça, apreciado mais por sua beleza que por seu valor monetário. Dentro desse tabernáculo, guarda-se debaixo de chave a imagem sagrada. A imagem está protegida da cabeça aos pés por uma porta, com dois painéis de cristal; a seu lado encontramos dois ricos véus ou cortinas que ocultam a Virgem, quando não se celebram Missas no altar-mor, ou quando não se encontram presentes pessoas responsáveis que cuidem dela enquanto rezam. Entretanto, quando é esse o caso, colocam-se muitas velas sobre o altar para demonstrar para a Senhora uma veneração maior e para juntar-se mais a sua ornamentação".

De todos os milagres atribuídos à sagrada imagem durante esses primeiros anos, só vamos relatar alguns mais impressionantes.

Em 1545 cessou, quase que num instante, uma epidemia de tifo que se espalhava por toda a nação e que havia ceifado milhares de vidas, quando um grande número de meninos peregrinos rezou por sua erradicação diante da sagrada imagem.

Em 1629, uma desastrosa inundação submergiu a Cidade de México, afogando quase 30.000 habitantes. Uma devota religiosa, a Irmã Petronila, afirmou ter presenciado uma visão de Nossa Senhora de Guadalupe sustentando os ameaçados muros da cidade. Quando a religiosa lhe perguntou por que não havia intercedido a seu Filho para evitar essa calamidade, Ela lhe respondeu que o povo, com seus incontáveis pecados, havia merecido um castigo de fogo ainda pior; entretanto, devido às orações e penitências da religiosa, o castigo havia sido reduzido a uma inundação que se repetiu por quatro anos.

O Arcebispo de México aceitou a história da Irmã, contada sob juramento, e ordenou que trouxessem a imagem sagrada de Tepeyac para sua residência na cidade, acompanhada por salmos, ritos de penitência e orações para sua remissão. A imagem sagrada foi colocada sobre uma pequena embarcação, única maneira de poder transportá-la, e a viagem terminou sob uma chuva torrencial, através de fortes correntezas cheias de entulhos e de obstáculos que estavam sob a superfície.

É possível que, nessa ocasião, a tilma fosse dobrada em três partes, causando duas pregas no terço superior e inferior do corpo da Virgem. Quando chegaram à Catedral, que estava inundada pela metade, o arcebispo, dom Francisco de Manzoyzuñiga, prometeu não devolver a preciosa relíquia até que pudesse transportá-la "a pés enxutos". Finalmente pôde fazê-lo no ano de 1634. Embora, por algum tempo, a água não começasse a diminuir, nunca faltaram as súplicas do povo e, quando as orações foram finalmente ouvidas, Nossa Senhora de Guadalupe foi proclamada a "Salvadora do México". O Governo enviou a Roma e a Madri um registro sobre esse acontecimento, descrevendo-o como um milagre.

Esse acontecimento foi entusiasticamente narrado, uma vez mais pelo padre Florencia:

"Quando o Arcebispo de México se apercebeu de que a inundação era tão grande e avassaladora, de modo que todas as ruas da cidade se transformavam em canais, que muitas casas estavam submersas com grande perigo para a população que ali vivia, que a inundação ia e vinha, crescendo cada dia mais, ao passo que nenhum esforço humano era suficiente para evitar a desgraça que todos estavam padecendo. Quando viu tudo isso, o Arcebispo concluiu que o único remédio era suplicar a Deus que havia castigado o México com mão pesada, enviando-lhes essa catástrofe, mas que Ele poderia ser persuadido através da intercessão de sua Misericordiosa Mãe, cuja milagrosa imagem havia sido um arco-íris de serenidade desde os dias das aparições e que, portanto, prevaleceria contra o transbordamento dos lagos.

Depois de consultar o Vice-rei, o Marquês de Cerralvo, e os membros principais da Catedral, após uma árdua deliberação, o arcebispo determinou retirar a imagem de sua Igreja para trazê-la para a Cidade de México. Como consequência, os dois Príncipes (O arcebispo e o vice-rei), os Juízes, os

Membros da Catedral e uma grande multidão de mexicanos dirigiram-se desde a cidade em uma flotilha de muitas canoas, gôndolas e pequenas embarcações ricamente ornamentadas e precedida por velas e archotes. Partiram para o Santuário impulsionados por remos, já que era impossível seguir por terra. Desceram a Virgem da parte superior do altar, onde havia reinado durante cem anos, e levaram-na à embarcação do arcebispo junto às personagens mais importantes de seu séquito, remando até a Cidade de México. Todas as embarcações desprendiam arranjos de luz e de músicas de cornetas e de clarinetas. O coro da Catedral cantava hinos e salmos, porém com mais harmonia que com alegria, pois, embora se sentissem cheios de confiança na companhia da Virgem, de quem esperavam um milagre, não estavam completamente felizes.

Ao chegarem as embarcações a curta distância da Igreja Paroquial de Santa Catarina, a Mártir, essa donzela sábia e prudente, personificada em sua estátua, saiu a receber a Santíssima Virgem. Tomou lugar na embarcação e acompanhou a Virgem no que restava da viagem; posteriormente foi recebida na Igreja que era sua própria casa e na qual sua distinta Visitante estava hospedada, com demonstrações de afeto e de reverência por parte do Clero, ricamente paramentado para a ocasião. E da Igreja dirigiu-se ao Palácio Episcopal, lugar da aparição da imagem milagrosa, onde foi recebida hospitaleiramente para passar a noite".

Recentemente se insinuou que durante os cinco anos de sua permanência na cidade desenhos adicionais foram pintados sobre a imagem sagrada, possivelmente para ocultar o dano sofrido por causa da água; quem foi o responsável pelos referidos desenhos adicionais foi o Franciscano Frei

Miguel Sánchez, pregador e teólogo dessa época. Em um ensaio sobre Guadalupe, identificou a Virgem com a Mulher do Apocalipse (Ap 12,1-2). Certamente, é como podemos ver agora a sagrada imagem, pela meia-lua que aparece sob seus pés e pelas pequenas espigas que são indicativas de gestação.

Certamente, Sánchez as acrescentou para dar a impressão de que ele havia se disposto a retocar o retrato celestial para assemelhá-lo à descrição da Mulher do Apocalipse. No final de seu trabalho, ele reconheceu que havia dependido dos ensinamentos do Livro do Eclesiástico 38,27-28. Esse capítulo trata sobre artes manuais contrastando com o ofício do escrevente que procura sabedoria. O versículo 27 descreve os trabalhadores e artesãos "que realizam estampas gravadas e, com seu constante esmero, variam a figura e empenham seu coração na reprodução do desenho". Do mesmo modo, o versículo 28 descreve o ferreiro: "Ele empenha o coração em aperfeiçoar seus trabalhos e passa suas vigílias a retocá-los até à perfeição".

Entretanto, essa teoria é insustentável, já que sabemos exatamente como a sagrada imagem era vista sessenta anos antes da inundação. No ano de 1570, o arcebispo de México ordenou que fosse pintada uma cópia exata do retrato, a que foi enviada a Felipe II da Espanha. O rei a presenteou ao almirante Andrea Doria, que a colocou em sua cabine durante a vitoriosa Batalha de Lepanto em 1571, uma batalha de decisiva importância que ajudou a salvar a Europa cristã da ameaça turca. Depois de permanecer com a Família Doria por vários séculos, em 1811 o Cardeal Doria a doou ao Santuário de Nossa Senhora de Guadalupe, em San Stefano d'Aveto, na Itália, onde até hoje permanece como objeto de veneração.

Por conseguinte, ao observar essa cópia podemos remontar ao passado, quatrocentos anos, e contemplar a imagem sagrada como era vista em México no ano de 1570.

Agora a cópia que se encontra em Aveto possui todos os elementos que, como foi recentemente sugerido, foram sobrepostos na sagrada imagem original, depois de 1570. Portanto, se existem acréscimos pintados na sagrada imagem – o que, entretanto, se põe em dúvida –, só poderiam ter sido realizados em algum momento entre 1532 e 1569. Talvez Sánchez tenha alterado a imagem; mas a única coisa que poderia fazer eram pequenas correções, como afilar os dedos para parecerem mais mexicanos e, possivelmente, acrescentar uns querubins (que posteriormente foram removidos, apesar do grande perigo de se danificar a frágil fibra).

Sobre a suposição de que a tilma possa ter sofrido danos devido à ação da água durante a inundação, a realidade é que se comprovou ser surpreendentemente resistente a elementos ainda mais perigosos que a água.

A sagrada imagem esteve exposta à ação destruidora de incontáveis velas colocadas a seus pés durante muitas décadas.

O frágil material do avental (que geralmente se deteriora depois de vinte anos, mais ou menos) foi manuseado por incontáveis devotos e foi tocado por vários objetos, incluindo espadas e até hoje permanece em perfeito estado de conservação. Muito tempo depois da grande inundação, a tilma resistiu à queimadura fatal de ácido que salpicou acidentalmente sua delicada superfície e, ainda mais incrível, resistiu à explosão de uma grande bomba que detonou diretamente debaixo dela. Portanto, a hipótese de que a água tenha lhe causado algum dano resulta simplesmente insustentável.

Com o risco de nos anteciparmos às conclusões das últimas investigações científicas sobre a sagrada imagem que serão relatadas no último capítulo deste livro, é necessário destacar que tanto o rosto da Virgem como sua túnica e seu manto foram declarados como "inexplicáveis para a ciência". Acredita-se que algumas áreas que mostravam sinais de desgaste foram retocadas, para intensificar o impacto visual da imagem. Essas áreas compreendem o resplendor que circunda a Virgem, as espigazinhas, os adornos, os punhos e as bainhas brancas, a lua com o querubim debaixo, a borda dourada do manto, as estrelas espalhadas pelo manto, o prendedor negro no pescoço da Virgem. Do mesmo modo, uma ou duas alterações menores, como a já mencionada redução das mãos.

Objetivamente, o efeito que teve a sagrada imagem sobre os astecas pagãos foi o de reforçar as doutrinas dos missionários cristãos. A Senhora parada em frente ao sol: os astecas que conheciam como ler as escritas icônicas deram-se conta de que Ela era bem maior que Huitzilopochtli, seu temido deus da guerra. Seu pé, descansando sobre uma meia-lua, que significava sua maior divindade, Quetzalcoatl, a serpente emplumada, a que Ela derrotava tão claramente. A tonalidade azul-esverdeada de sua mão era a cor usada pela realeza asteca; portanto, Ela era uma rainha. As estrelas espalhadas em seu manto indicavam aos astecas que Ela era maior que as estrelas do céu, que eles adoravam como deusas. Entretanto, Ela não podia ser uma deusa, pois, se suas mãos se uniam em oração e sua cabeça estava inclinada em sinal de reverência, estava claro que havia alguém maior do que Ela. Finalmente, a cruz negra sobre um broche de ouro em seu pescoço era idêntica às que adornavam as bandeiras e os capacetes dos soldados espanhóis, como que indicando aos astecas que sua religião deveria ser a de seus conquistadores.

Voltemos a alguns dos milagres mais importantes daqueles dias: no ano de 1736, uma terrível praga assolou o país matando cerca de 700 mil pessoas. Parecia não existir mais esperança de se livrar desse novo castigo; mas no dia 27 de abril de 1737, quando Nossa Senhora de Guadalupe foi proclamada Patrona do México, a praga começou a regredir, como se aquela Proclamação houvesse motivado que uma santa mão curativa se estendesse sobre o ferido país. Como veremos posteriormente, esse milagre teve um efeito decisivo sobre o desenvolvimento do culto.

Outro prodigioso acontecimento nesse mesmo ano refere-se a certa Monja que estava morrendo no Convento de Santa Catarina, em Puebla. Quando ela escutou o som dos sinos da Igreja da cidade, anunciando que o papa Bento XIV havia instituído uma festa especial em honra de Nossa Senhora de Guadalupe, a monja deu um jeito de tirar de debaixo de seu travesseiro uma pequena estampa de Nossa Senhora e murmurou: "Amada Senhora, a vida não significa nada para mim, mas, como testemunho de tuas aparições em Tepeyac, imploro-te que me ajudes". Antes que os sinos cessassem seu alegre badalar, a monja levantou-se de sua cama completamente curada.

Roma havia mostrado interesse no crescimento do culto desde a época das aparições. Desde o ano de 1560, o Papa Pio IV entronizou uma réplica da imagem sagrada em seu apartamento particular e distribuiu medalhas de Nossa Senhora de Guadalupe. Como já se mencionou, antes da famosa Batalha de Lepanto em 1571, levou-se para bordo do navio, como uma insígnia cristã, uma cópia pintada do retrato celestial e acreditou-se que, juntamente com a reza comunitária do rosário, isso desempenhou um papel importante no triunfo dessa crucial batalha, salvando-se dos turcos a civilização ocidental. Por essa mesma época, o papa Gregório XIII ampliou as indulgências outorgadas pelo bispo de México àqueles que visitassem o Santuário e, no século seguinte, o papa Alexandre VII concedeu indulgência plenária para aqueles que visitassem o Santuário no dia 12 de dezembro.

O efeito dessa última decisão foi que os mexicanos pressionaram Roma para que se atribuísse um maior reconhecimento a Nossa Senhora de Guadalupe. Para isso iniciou os procedimentos apostólicos o Cardeal Rospigliosi que, com a morte de Alexandre VII, se tornou o papa Clemente IX em 1667. As audiências que se levaram a cabo entre 1663 e 1666 foram dirigidas para a recompilação de uma quantidade suficiente de evidências, o que levou o Santo Padre a conceder reconhecimento canônico às aparições e um maior status à Basílica de Tepeyac. Uma comissão especial sob as ordens do vice-rei, o Marquês de Mancera, encarregou-se de reunir todos os dados e as informações disponíveis sobre as aparições e sobre a sagrada imagem, junto com os testemunhos tomados sob juramento de muitos depoentes.

Os testemunhos ampliaram e aprofundaram o conhecimento existente sobre Guadalupe. Por exemplo: uma Comissão de Pintores testemunhou que "era humanamente impossível para um artista pintar ou reproduzir algo de maneira tão excelente como o retrato divino sobre um pedaço de tecido tão grosseiro como a tilma ou o avental". (Os artistas se referiam à superfície áspera do avental: o lado da tilma no qual se encontra a imagem inexplicavelmente se suavizou no momento de sua criação, permitindo assim que se acrescentassem posteriormente sobre ele retoques adicionais.) A Comissão acrescentou: "A impressão do retrato de

Nossa Senhora de Guadalupe sobre o avental ou a tilma de Juan Diego foi e – assim deve ser declarado e compreendido – um trabalho sobrenatural, um segredo reservado à Divina Majestade". Concluíram que o que haviam testemunhado estava, segundo seu conhecimento, "de conformidade com a arte da pintura e, para demonstrar sua integridade, juravam como era exigido por Lei".

Três professores da Universidade Real foram designados para formar uma comissão que examinaria a tilma. Sua informação posterior, sob juramento e assinada diante de Tabelião Público, contém o seguinte testemunho: "O fato de que a sagrada imagem conserve seu frescor na forma e na cor, depois de passar tantos anos em contato com elementos destrutivos, não pode ser atribuído a uma causa natural. Sua causa exclusiva é d'Ele, que é o único capaz de produzir efeitos milagrosos sobre as forças da natureza". Os professores confessaram sua surpresa ao comprovar a estranha suavidade de um dos lados da tilma.

Um testemunho de especial valor foi o de Dona Juana de la Concepcion que tinha 85 anos de idade. Era filha de Dom Lorenzo de San Francisco Haxtlatzontli, historiador e primeiro Governador de Cuautitlán, o povoado de Juan Diego. Depois de dar seu próprio testemunho a respeito dos acontecimentos durante os últimos anos do século XVI, revelou que seu pai havia recompilado meticulosamente os registros relativos ao distrito e que estes incluíam anotações sobre as aparições de Tepeyac em 1531, já que Juan Diego era oriundo daquele povoado e bem conhecido por ele. Dom Lorenzo também havia conhecido o tio de Juan Diego, Juan Bernardino. Dona Juana acrescentou que, quando seu pai tinha quinze anos, escutou a história das aparições do próprio

Juan Diego e que mais tarde foi designado para escrever exatamente o que havia ouvido. Infelizmente, para a posteridade o registro de dom Lorenzo não se conservou.

No ano de 1666, foram enviados a Roma os testemunhos juntamente com uma cópia do "Nican Mopohua", que havia sido escolhido como o mais satisfatório dentre os dezoito registros das aparições.

Pouco tempo depois, o papa Inocêncio X – o aristocrático romano que dedicou sua vida a socorrer os pobres – exibiu na Câmara Apostólica uma cópia da sagrada imagem.

Basílica de Guadalupe

Entretanto, mais uma vez o povo mexicano sentia que o santuário existente não era suficiente para abrigar todo o amor que sentiam pela Santíssima Virgem e, por isso, decidiram edificar em seu lugar uma imponente Basílica, o mais belo monumento que seus talentos artísticos, a habilidade e a generosidade pudessem traçar como um tributo de seu grande amor por Nossa Senhora de Guadalupe, que os havia escolhido para estar entre eles. Em 1694, um grupo de cidadãos conhecidos da Cidade de México pediu ao arcebispo que solicitasse donativos para a construção do templo que planejavam. Como garantia de seu compromisso pessoal para conseguir alcançar essa meta assombrosa, abriram imediatamente um fundo de $ 80.000 com seu próprio dinheiro.

Depois de uma análise meticulosa, o arcebispo deu sua aprovação e todo o México se uniu para participar desse ambicioso empreendimento. Decidiu-se que o melhor lugar para se edificar a Basílica era o que ocupava a igreja construída em 1622. Por isso, o arcebispo decidiu edificar uma pequena igreja bem perto para abrigar a imagem sagrada, enquanto se construía a Basílica. Esse templo foi tão bem construído que até hoje se conserva como Igreja Paroquial do povoado de Guadalupe. Em uma suntuosa cerimônia, a imagem milagrosa foi transladada de igreja e começou o trabalho de demolição. Lançou-se a primeira pedra da nova Basílica no ano de 1695 e o trabalho perdurou durante catorze anos, a um custo de $ 800.000, sem se levar em conta o material doado e o trabalho voluntário e gratuito de muitos mexicanos agradecidos.

No dia 30 de abril de 1709, realizou-se grandiosa cerimônia para se entronizar a imagem sagrada em sua nova casa. Nesse dia magnífico, o arcebispo foi acompanhado pelo vice--rei, pelos membros do alto Clero, conselheiros, juízes e outros dignitários públicos, seguidos por uma imensa multidão que se estendia por quase 5 km, em direção à Cidade de México. Os sinos de todas as igrejas das redondezas tocavam jubilosos e o ar parecia vibrar de alegre emoção.

A sagrada imagem foi colocada sobre o altar-mor, em três molduras: a primeira de ouro puro, a segunda de prata e a terceira de bronze, enquanto que os suportes estavam encrustados em prata maciça. A decoração interior da Basílica resplandecia com candelabros, mármore brilhante, guarnições franjadas de prata, inúmeras pinturas, mosaicos, esculturas e outros adornos. Era o templo mais deslumbrante do hemisfério ocidental. Quando terminou a cerimônia de sua consagração, começou uma novena de âmbito nacional, na qual organizações religiosas e civis competiam entre si em festividades espetaculares. Quarenta anos depois, a Basílica transformou-se em Igreja Colegiada e estabeleceu-se em suas imediações uma Ordem de Cônegos. O coro foi reformado e embelezado ainda mais e instalou-se um magnífico órgão.

A sagrada imagem emoldurada em ouro, prata e bronze

Durante todo esse tempo, os testemunhos avançavam em Roma, embora muito lentamente. Esporadicamente apareciam vagas objeções. Apesar da atitude favorável de Alexandre VII e de seu sucessor, Clemente IX, a petição mexicana que solicitava a Roma conceder sua chancela final de aprovação a Guadalupe, elevando-a a uma dignidade maior, outorgando-lhe uma liturgia especial, enfrentavam-se objeções por parte de alguns membros da Cúria que se opunham ao que eles chamavam de "a canonização de imagens milagrosas". Outros homens da Igreja, altamente colocados, sentiam que as honras que solicitavam para Guadalupe deveriam ser concedidas, antes, à Santa Casa de Loreto, já que Loreto não havia recebido essa dignidade singular depois de séculos de solicitações; por isso, Guadalupe deveria esperar sua vez. Esse debate perdurou por muitos anos. Depois da morte de Clemente IX no ano de 1670, desapareceu um bom número de defensores de Guadalupe e a oposição aumentou.

Em 1736, o México foi devastado por uma praga de tifo que ceifou mais de 700.000 vidas em oito meses. Em um desesperado esforço para deter a peste, as autoridades civis recorreram ao clero para que proclamasse Nossa Senhora de Guadalupe a Padroeira Nacional do México. Isso realizou-se em 26 de maio de 1737 pelo vice-rei-arcebispo Vizarron, depois disso a praga começou a desaparecer.

Esse milagre animou os mexicanos que solicitaram a Vizarron para que reforçasse seu pedido em Roma para conceder a Guadalupe uma dignidade maior, demonstrando a firme evidência da origem milagrosa do retrato. Vizarron mostrou-se favorável e nomeou uma comissão especial, formada pelos pintores mais importantes do país, sob o comando do brilhante Miguel Cabrera, o mais reconhecido pintor do México, nessa época.

Esses especialistas realizaram um exame cuidadoso da sagrada imagem. O que informaram ao arcebispo foi o seguinte: "O desenho do Santo Retrato é muito singular, realizado à perfeição e tão surpreendentemente maravilhoso que podemos assegurar que qualquer um que tenha algum conhecimento do que deve ser nossa arte, ao contemplá-lo, afirmaria que se trata de um retrato milagroso. Sua graça magnífica e sua simetria, a perfeita relação das partes com o todo, são uma maravilha que surpreende a quem o contempla".

Posteriormente, Cabrera escreveu um livro sobre o assunto, no qual ele manifestava que a sagrada imagem parecia abarcar os quatro tipos de pintura: o afresco, o óleo, a aquarela e a têmpera, misturados numa combinação fisicamente inatingível. Ainda assim, declara que não existia nenhum preparado com colas na tilma, dando a entender que seria humanamente impossível pintar em sua áspera superfície. Cabrera deu a entender que o fato de que se houvesse suavizado a tilma do lado em que estava a imagem sagrada era uma prova a mais de sua natureza milagrosa.

O arcebispo acatou essa evidência positiva, assim como a conclusão favorável sobre a sagrada imagem preparada por experientes físicos, e decidiu enviar esses testemunhos para Roma com um representante especial para suplicar pessoalmente ao papa, que na ocasião era o grande Bento XIV, um dos homens mais cultos que já haviam se assentado na Cátedra de São Pedro. Depois de cuidadosa procura, o Arcebispo escolheu o padre Francisco Lópes, S.J., brilhante intelectual e teólogo eminente, que estava completamente familiarizado com os procedimentos de 1666. Lópes astuciosamente levou consigo uma esplêndida cópia da imagem sagrada, executada por Cabrera. Deixemos, entretanto, que o historiador Dávila nos conte o que se sucedeu naquela memorável audiência:

"O padre Lópes aproximou-se de Bento XIV, levando em suas mãos um tecido enrolado e, ao obter permissão para falar, relatou breve, mas eloquentemente a história do milagre das aparições guadalupanas. Enquanto o Papa o escutava atentamente e com assombro, o narrador deteve-

-se de repente e exclamou: 'Santo Padre, contemplai a Mãe de Deus, que nos concedeu a graça de ser também Mãe dos Mexicanos!' E tomando o tecido com as duas mãos, do mesmo modo como outrora o fez Juan Diego diante do bispo Zumárraga, desenrolou-o sobre o estrado em que se achava Sua Santidade. O papa que já estava comovido pela narração, ao escutar essa reação inesperada e à vista da beleza da imagem, caiu de joelhos diante dela e exclamou o que desde então se converteu num lema distintivo para nossa venerável Padroeira: 'Non fecit taliter omni nationi' (Não fez coisa igual para todas as Nações). Essas palavras que são do Salmo 147 e das quais o Santo Padre se utilizou para nosso povo, posteriormente, foram incluídas no Ofício e gravadas nas primeiras medalhas".

As testemunhas que presenciaram a cena afirmaram que o Santo Padre chorava, enquanto de joelhos venerava o retrato celestial. Segundo se afirma, o padre López disse que, se ao papa fosse possível fazer uma viagem ao México, realizaria uma peregrinação a Tepeyac descalço e de joelhos.

O papa ignorou todas as oposições e imediatamente redigiu uma Missa e um Ofício para a Festa de Nossa Senhora de Guadalupe, enviando-a para a Sagrada Congregação dos Ritos, que igualmente votou a favor. Sua Santidade também concedeu formalmente privilégios e honras ao Santuário de Guadalupe, assim como um status que o tornasse inigualável entre os santuários de manifestações sobrenaturais, superando, inclusive, os de Fátima e de Lourdes. Declarou o dia 12 de dezembro dia santo obrigatório no México, colocando-o como festividade "dupla de primeira classe" com Oitava. Aprovou a Missa e o Ofício especial, tornando-o obrigatório para os sacerdotes e os coros religiosos. Do mesmo modo, decretou, declarou e ordenou com Autoridade Apostólica que Nossa Senhora de Guadalupe fosse reconhecida, aclamada e venerada como a Padroeira Principal e a Protetora do México. Como homenagem, elevou a Basílica de Guadalupe à categoria de Basílica Maior.

É evidente que, pela misteriosa resolução favorável de todos os problemas insuperáveis que surgiram à Congregação dos Ritos quanto à nova Liturgia, foi Nossa Senhora quem colocou em ordem essa série de acontecimentos positivos. De acordo com o Direito Canônico, a solicitação de Missa e de Ofício deveria ter sido apresentada com antecedência àquela Congregação e com pedido formal. O padre López sabia que isso já havia sido feito em 1667, mas os documentos se haviam perdido. Enquanto pensava qual deveria ser o passo seguinte, lembrou-se que um Prelado, de nome Nicoselli, havia escrito um livro em 1681, relatando o registro dessa solicitação à Congregação dos Ritos. Depois de uma intensa busca, ficou decepcionado ao constatar que não haviam cópias desse livro. Então voltou-se para Nossa Senhora de Guadalupe, suplicando-lhe que interviesse para superar mais essa dificuldade.

Dias depois, ele foi abordado por um vendedor de livros de segunda mão que insistia em lhe vender um de seus exemplares. Para surpresa do sacerdote, o livro que a pessoa queria lhe vender era uma cópia usada do livro "Relaciones" de Nicoselli, o mesmo livro que ele tão desesperadamente havia procurado. Quando a Congregação dos Ritos se deparou com essa tão inquestionável evidência, aprovou de imediato a nova Liturgia e, no dia 25 de maio de 1754, Bento XIV acrescentou ao Calendário Eclesiástico a nova Missa e o novo Ofício e publicou seu "Sumário" histórico: "Non est, equidem...", promulgando tudo o que havia decretado:

"Para a maior glória de Deus Todo-Poderoso e fomento de sua adoração e em honra da Virgem Maria, nós, por este meio, aprovamos e confirmamos com autoridade apostólica a escolha da mais Santa Virgem Maria sob a invocação de Guadalupe, cuja imagem se venera na Igreja Paroquial, com Colegiada que se encontra nos arredores da Cidade de México, como Padroeira e Protetora do México, com todos e cada um dos privilégios outorgados aos Padroeiros e Protetores principais, de acordo com a epígrafe do Breviário Romano. Essa escolha foi realizada pelo desejo de Nossos Veneráveis Irmãos, os bispos desse reino, assim como do Clero Secular e Regular e pela súplica do povo dessas terras. Do mesmo modo, aprovamos e confirmamos a introdução do Ofício e da Missa com Oitava e declaramos, decretamos e ordenamos que a Mãe de Deus, sob o título de Nossa Senhora de Guadalupe, seja reconhecida e venerada como Padroeira do México. Do mesmo modo, em continuidade, para que a comemoração solene desta Padroeira e Protetora seja celebrada com grande devoção e reverência, com a prática devida à oração, por todos os fiéis de ambos os sexos, que estão obrigados às Horas Canônicas, pela mesma autoridade apostólica, permitimos e ordenamos que a festa anual de 12 de dezembro, em honra da Santíssima Virgem Maria de Guadalupe, seja celebrada perpetuamente como dia santo obrigatório e como dia 'duplo de primeira classe' com Oitava; que se realizem os Ofícios e se celebre a Missa".

Seguiu-se uma lista de privilégios e de indulgências e o "Sumário" terminou da seguinte maneira: "Dado em Roma, em Santa Maria Maior, sob o Anel do Pescador, aos 25 de maio de 1754, no décimo quarto ano de nosso Pontificado".

Pode-se imaginar o júbilo que causaram no México

essas maravilhosas notícias. O Padre López foi recebido como um herói. Poetas e prosadores elogiaram esse singular reconhecimento e honra, outorgados à sagrada imagem: "Feliz América", "América Privilegiada", "América amada por Maria. Oh, americanos, de onde se lhes veio a ventura de que a Mãe do Senhor viesse até vocês?"

A partir desse dia, a imagem de Nossa Senhora de Guadalupe se definiu ainda mais claramente como a personificação do México; devemos nos lembrar de que isso incluía todos os territórios espanhóis, Cuba assim como o Texas, a Califórnia, o Arizona, Utah, Nevada, Novo México e Flórida. Ao estender-se a civilização às vastas regiões do norte e do sul, desde as savanas até os pampas, também se espalhava a devoção a Nossa Senhora de Guadalupe para todos os povos dessas regiões e posteriormente através do mundo inteiro, já que Ela havia vindo como a Mãe de Misericórdia, não só "daqueles que habitam estas terras (do Hemisfério Ocidental), como também de todos aqueles que me amam, de todos os que choram, de todos aqueles que me buscam, de todos aqueles que confiam em mim".

Durante a Guerra de Independência, no México, no início do século XIX, utilizou-se como estandarte do país uma cópia da sagrada imagem, guiando o país através de muitas provações e revezes até a vitória final. Logo também um trágico conflito entre México e Estados Unidos, no ano de 1847, terminou com um tratado de paz que se firmou no Santuário de Guadalupe em 1848.

Um dos mais bem redigidos relatos sobre o Santuário nessa época foi escrito pela Marquesa Calderón de la Barca, de origem inglesa e esposa do Embaixador espanhol na nova República Mexicana. Em uma carta datada do ano de 1839 e que enviou a seus familiares no estrangeiro (essa carta foi oportunamente publicada pelo grande historiador americano Prescott, amigo de sua família), a Marquesa escreveu: "Nesta manhã, dirigimo-nos à Catedral de Nossa Senhora de Guadalupe. Passamos através de subúrbios miseráveis, desolados, sujos e com uma mistura de odores que desafiavam e competiam com os de Colônia. Saindo do povoado, a estrada não é particularmente bonita, mas é uma avenida bordejada de árvores, de ambos os lados.

Em tempos passados, sobre a Colina de Tepeyac, em Guadalupe, levantava-se o templo de Tonatzin, a deusa da terra e do milho, uma divindade benigna que recusava o sacrifício de vítimas humanas e só aceitava o de tartarugas, de andorinhas, de filhotes de pombos e de outras vítimas semelhantes... Era a deusa protetora dos Totonacas.

A bela igreja que se encontra agora ali ao pé da montanha é uma das mais grandiosas do México. Nós cobrimos a cabeça com véus, já que não se permite usar gorros ou chapéus dentro do recinto e entramos nesse Santuário tão famoso, ficando-nos admirados com a abundância de prata que o adorna.

O divino retrato representa a Virgem de Guadalupe com um manto azulado, recoberto de estrelas; seu vestido é de cor vermelha muito viva e ouro, suas mãos estão unidas e seus pés repousam sobre uma meia-lua sustentada por um querubim.

Posteriormente visitamos uma pequena capela encimada por uma cúpula e construída sobre um manancial em ebulição, cujas águas possuem propriedades milagrosas. Compramos cruzes e medalhas que foram tocadas na santa imagem, assim como peças de fitas de seda, marcadas com as medidas das mãos e dos pés da Virgem. Subimos ao topo da colina, por um íngreme caminho (embora o dia fosse ensolarado), e encontramos ali outra capela, da qual apreciamos uma vista maravilhosa de México; ao lado dessa capela, existe um como que monumento com a forma das velas de um barco, erigido por um espanhol agradecido para comemorar sua salvação em um naufrágio, o que creio que foi devido à intervenção de Nossa Senhora de Guadalupe".

Conforme o tempo ia passando, os mexicanos, sempre desejosos de acumular maiores honras para sua amada Padroeira, pediram ao papa Leão XIII que incorporasse dentro de seu Ofício a história das aparições e da mensagem de consolo de Nossa Senhora a todos os seus filhos, sem importar a raça, assim como receber a distinção de coroar a imagem sagrada. Esse ato de homenagem colocaria um selo final de perfeição, para que Nossa Senhora de Guadalupe fosse reconhecida como Padroeira e Soberana de seu próprio país e Rainha do Mundo.

Proclamando Nossa Senhora como Rainha, reconhece-se sua superioridade no papel de Mãe do Salvador e, como consequência, sua soberania por direito. Já que seu Filho é Rei, sua Mãe é Rainha. Do mesmo modo, a referida proclamação também é um reconhecimento à inocência, à virtude e à dignidade de Nossa Senhora como segunda Eva. O primeiro Adão e a primeira Eva foram "os senhores da criação" na esfera material; o segundo Adão (Cristo) e a segunda Eva (Maria) manifestaram sua dignidade e soberania na esfera espiritual ("O meu Reino não é deste mundo!", Jo 18,36). O papa Pio XII disse: "A Santíssima Virgem deve ser proclamada Rainha não só porque Ela foi a Mãe de Deus, mas também porque foi desejo de Deus que Ela participasse de maneira singular no trabalho de nossa eterna salvação".

Passaram-se nove anos até que fosse atendido esse pedido, já que houve certas dificuldades, devido a uma falsa publicação que teve uma considerável repercussão em Madri. Os mexicanos mantiveram uma ansiosa vigília durante esse tenso período de espera. Finalmente o Santo Padre, para marcar seu aniversário sacerdotal, deu seu consentimento e ordenou que a imagem sagrada fosse coroada como merecia.

Para regozijo da nação, os bispos resolveram realizar esse ato de sublime homenagem no dia 12 de outubro de 1887. É interessante fazer notar que, apenas algumas semanas depois, uma jovem ajoelhou-se diante do papa Leão XIII, suplicando-lhe outro favor especial, para marcar seu aniversário: desejava sua permissão para ingressar com a idade de quinze anos no Convento das Carmelitas. Ambos os eventos – a solicitação do Episcopado Mexicano e o pedido daquela que seria no futuro Santa Teresinha de Lisieux – influiriam profundamente na Igreja, no futuro. A carta que o Santo Padre enviou aos bispos mexicanos nessa ocasião dizia assim:

"Com grande satisfação, resolvemos aceder a seu pedido de enriquecer com honras especiais o Ofício já permitido por nosso Ilustre Predecessor Bento XIV, em honra da Santíssima Virgem de Guadalupe, Padroeira principal de sua nação. Estamos conscientes dos laços que sempre uniram a implantação e o desenvolvimento da fé católica entre os mexicanos com a veneração a essa Mãe Divina, cuja imagem, como relata sua história, a Divina Providência tornou famosa desde sua origem.

Do mesmo modo, sabemos que no Santuário de Tepeyac, em cuja restauração, expansão e decoração vocês se mostraram tão solícitos, as demonstrações de piedade aumentam dia a dia, já que se reúnem nesse lugar multidões de peregrinos devotos que chegam de todas as partes da República. Portanto, como vocês mesmos reconhecem a muito amada Mãe de Deus, venerada sob o título de Guadalupe, é a autora e a protetora dessa maravilhosa harmonia de almas. Com todo o afeto de nosso coração, instamos a todos os mexicanos para que sempre conservem esse amor e essa veneração para com a Divina Mãe, como seu maior sinal de glória e fonte de todas as bençãos.

E quanto à fé católica, que é nosso mais precioso tesouro e que nos dias atuais perdemos mais facilmente, devem estar plenamente convencidos de que ela perdurará entre vocês, com toda a força e a pureza enquanto se mantiver essa grande devoção digna de seus ancestrais. Por isso, deixemos que cresça dia a dia amando ternamente, a cada momento mais, tão grande Padroeira e alcançarão que seus benefícios fluam mais abundantemente para a salvação e a paz de todas as classes sociais".

Logo começaram os preparativos para o grande dia da coroação. Fizeram-se orações em âmbito nacional durante o verão de 1887, a Basílica foi restaurada e preparada com toda a exatidão e o cuidado, enquanto que as mulheres ricas rivalizavam-se entre si para terem o privilégio de doar suas jóias que seriam utilizadas para a confecção da caríssima coroa. "A coroação é um plebiscito solene da religião e do domínio social de Nossa Senhora no México", proclamou o bispo de Colima, pouco tempo antes do acontecimento.

Certamente o sábado, 12 de outubro de 1887, seria lembrado como um dos dias mais grandiosos da história de México. Quarenta bispos, de vários países do Hemisfério Ocidental, centenas de sacerdotes e um incalculável número de fiéis reuniram-se no Santuário em uma cerimônia que eclipsou, inclusive, o aniversário de diamante da rainha Vitória, realizado uma década depois. Parecia que todo o povo da Cidade de México havia se reunido em Guadalupe e, para aqueles que não puderam realizar a viagem, por causa da distância, foram preparados serviços especiais em todos os povoados e aldeias, que coincidiram com a hora da coroação.

"Todos os que estavam presentes" – escreveu um repórter, em 'El Tiempo', um dos jornais centenários mais conceituados – "foram tomados por uma explosão de felicidade, de entusiasmo e de júbilo. Homens e mulheres choravam de alegria. Todos se sentiam possuídos pela fé cristã, enquanto que suas almas se enchiam de uma doçura indescritível".

O Arcebispo de México celebrou a Missa Pontifical e em sua pregação o bispo de Yucatán declarou: "Ao escolher os mexicanos como seu povo, Nossa Senhora constituiu-se Imperatriz e Padroeira da América. Oh! Feliz América, afortunados indígenas ocidentais! Bendito México! A Rainha do Céu o escolheu e o santificou. Não só lhes ofereceu o que não ofereceu a nenhuma outra nação, visitando-os com tanto amor e predileção, com ternura maternal, mas também lhes concedeu o presente de sua imagem, dessa imagem milagrosa de Guadalupe, que lhes deixou o testemunho de que sua vocação é seu trabalho! Oh, todas as nações da América! Depositem suas coroas aos pés da nossa Rainha e Padroeira, como no céu o fizeram os vinte e quatro anciãos ao pé do trono do Cordeiro, seu Filho!"

Depois da Missa, cantou-se em veneração o "Regina Caeli" e um som extasiante desprendeu-se da multidão humana que se apinhava na Basílica. Quando o arcebispo levantou a resplandecente coroa sobre a sagrada imagem, pronunciou estas nobres palavras: "Como sois coroada por nossas mãos na terra, sejamos merecedores de ser coroados por Cristo com honra e glória no Céu!"

A ordem do dia foi um regozijo universal. Realizaram-se banquetes especiais da coroação para os pobres nos colégios católicos, enquanto que em todos os povoados e aldeias do país inteiro o final das Missas solenes coincidiu com os serviços na Basílica e houve uma explosão espontânea de alegria: orquestras, bandas, fogos de artifício, decorações brilhantes, tudo preparado para expressar a intensa alegria do povo. O jornal laico "Gil Blas" resumiu o sentimento do povo, com estas palavras: "Acreditando ou não, todos encontraram na Virgem de Guadalupe algo para se amar e amar intensamente. Nesta terra, nenhuma pessoa blasfema contra Ela. Ela é o ideal, a luz que brilha sobre nossa luta e incredulidade. Foi por essa razão que Altamirano escreveu estas palavras memoráveis: 'No dia em que a Virgem de Guadalupe não for mais venerada, terás o sinal de que até o nome de México terá desaparecido dentre as nações!'".

VI
A ERA
MODERNA

Durante o século XX, o culto a Nossa Senhora de Guadalupe estendeu-se ainda mais e se produziram novos e interessantes progressos.

No ano de 1900, o Concílio Plenário Latino-Americano obteve a permissão do Santo Padre para que a festividade de Guadalupe se ampliasse para toda a América Latina e, dez anos mais tarde, o papa São Pio X declarou Nossa Senhora a "Padroeira Celestial" de todos esses países. Entretanto, seu domínio não se estendeu só ao Hemisfério Ocidental. Por todo o mundo se espalham santuários dedicados a Nossa Senhora de Guadalupe, especialmente na Itália e na Espanha.

O santuário italiano possui uma história interessante. Quando os Jesuítas foram expulsos do México pelo Rei Carlos III da Espanha no ano de 1767, difundiram a devoção a Nossa Senhora de Guadalupe por todos os lugares onde se estabeleceram. Erigiu-se uma formosa capela em sua honra na Igreja de Santo Estêvão, em Aveto, nas encostas dos Apeninos, e todos os habitantes da região acudiam a venerá-la. Aconteceram milagres e a província inteira colocou-se sob sua proteção. Posteriormente, como já vimos, em 1811 o Cardeal Doria doou ao Santuário a famosa cópia da sagrada imagem, feita em 1570. O papa Pio VI concedeu ao Santuário a faculdade de Ofício e Missa própria de Nossa Senhora de

Guadalupe e concedeu uma quantidade de indulgências às devoções praticadas ali. Devido ao sempre crescente número de peregrinos, o papa Leão XIII designou o altar de Santo Estêvão como um altar privilegiado; por exemplo: se se celebrava uma Missa de Defunto naquele altar, por indulto papal era concedida indulgência plenária ao falecido.

Em 1947, colocou-se uma grande estátua representando a imagem sagrada no topo do Monte Maggiorasco (1.780 m de altitude), a montanha mais alta da província, como a dos Apeninos, e esse local tornou-se outro centro favorito de peregrinações.

Existem duas igrejas romanas dedicadas a Nossa Senhora de Guadalupe.

A primeira pedra de uma delas, a que se encontra na Via Aurélia, proveio de Tepeyac e o Cardeal mexicano, José Garibi, colocou-a ali no dia 12 de dezembro de 1958. Essa igreja foi confiada aos Legionários de Cristo, uma congregação religiosa mexicana, fundada dezessete anos antes pelo padre Marcial. Foi essa a igreja à qual se dirigiu o papa João XXIII, já doente, em sua última visita fora do Vaticano. Já anteriormente, havia sido colocada nos jardins do Vaticano uma estátua de Nossa Senhora de Guadalupe ao lado de outra estátua que representava o aparecimento milagroso da sagrada imagem na tilma de Juan Diego, ofertada pelos mexicanos e descerrada no dia 21 de setembro de 1939. No outro lado do país, a Capela Mexicana, no Santuário de Loreto, está repleta de murais que retratam as aparições.

Monumento "A oferenda" na encosta de Tepeyac

Na Espanha, uma réplica coroada da sagrada imagem brilha na formosa Igreja de Nossa Senhora de Guadalupe, em Madri. Em cada primavera, as primeiras rosas que florescem no famoso parque da cidade, "El Retiro", são enviadas ao Santuário mexicano em nome dos espanhóis. A França também rende homenagem a Nossa Senhora de Guadalupe. São conhecidos por todos o altar ao ar livre que existe em sua honra em Lourdes e o majestoso mosaico da sagrada imagem na capela de Notre Dame, em Paris; contudo, ainda de maior interesse, encontramos o Santuário de Nossa Senhora de Guadalupe em Abbeville. Uma cópia pintada do celestial retrato chegou à França no início do século XVIII, a que o Padre de Gouye, S.J., ofereceu a sua irmã, Madre Superiora do Convento da Visitação, em Abbeville. A pintura foi venerada pela comunidade até que o Convento desapareceu durante a revolução de 1792. Por sorte, o sacerdote da paróquia próxima do Santo Sepulcro a recuperou depois do tumulto em uma banca de venda de objetos de segunda mão. Esse retrato permanece na igreja até os dias de hoje, venerado por todos e cercado por quatro medalhões que representam as quatro etapas das aparições. Em todos os cantos do mundo foram edificados santuários, altares ou estátuas em honra de Nossa Senhora de Guadalupe. Podemos encontrá-las em

Londres, Estocolmo, Addis-Abeba e Nagasaki. Em Nagasaki existe uma réplica da sagrada imagem que marca o lugar onde morreram os mártires em 1597 (alguns dos quais eram mexicanos). Na Polônia veneram uma esplêndida réplica de Nossa Senhora de Guadalupe em Jasna Gora, o coração da fé católica do país.

No dia 3 de março de 1959, o arcebispo de México, Dr. Dom Miguel Dario Miranda, assistido por Jerzi Skoryna, Presidente dos Primeiros Combatentes Poloneses no Exílio, levantou a Bandeira Nacional na Basílica em Tepeyac e consagrou a Polônia a Nossa Senhora de Guadalupe. Nessa memorável ocasião, Jerzi Skoryna declarou:

"Confiando na Rainha do Céu, do México e da Polônia, viemos ao pé de seu altar ao trono da Virgem de Tepeyac, para oferecer-lhe nossa amada terra, implorando do mais profundo de nossos corações que nos dê a paz, a liberdade, a independência e a justiça para a Igreja do Silêncio, para nosso país e para todas as nações que sofrem sob o jugo cruel de uma doutrina comunista atéia e pérfida. Já existe o culto à Virgem de Guadalupe em nosso país, assim como à Virgem de Czestocgowa, Rainha da Polônia, que conta com muitos devotos no México. Penso que não pode haver maior amizade e amor entre nossos países, que o amor e a amizade que contraímos através da Virgem Maria, Rainha do México e da Polônia".

Dos quarenta e quatro papas que reinaram desde que ocorreram as aparições, vinte e cinco emitiram decretos referentes à sagrada imagem. No dia 10 de dezembro de 1933, na Basílica de São Pedro em Roma, no meio de cenas de grande esplendor, o papa Pio XI reiterou a proclamação da Virgem como Padroeira da América Latina; depois disso, o Santo Padre coroou uma réplica da sagrada imagem e celebrou uma solene Missa Pontifical. Seu sucessor, o papa Pio XII transmitiu uma mensagem através do rádio para os mexicanos, no dia 12 de dezembro de 1945, para comemorar as Bodas de Ouro da primeira coroação do retrato celestial por Leão XIII. O Santo Padre que já havia sagrado nove santuários na Itália, dedicados a Nossa Senhora de Guadalupe, ordenou que fosse coroada novamente a sagrada imagem de México e proclamada formalmente a "Imperatriz de todas as Américas".

Sua Santidade declarou: "Salve, ó Virgem de Guadalupe! Nós, a quem a divina graça da Providência confiou (sem levar em conta nossa própria indignidade) o Sagrado Tesouro da Sabedoria Divina na Terra para a salvação das almas, colocamos novamente sobre tua fronte a coroa que sempre leva sob tua proteção a pureza e a integridade da fé mexicana e de todo o continente americano. Já que estamos seguros de que, enquanto fores reconhecida como Rainha e Mãe, México e América estarão longe de qualquer perigo".

O papa João XXIII proclamou o ano mariano de Nossa Senhora de Guadalupe o ano de 12 de dezembro de 1960 até 12 de dezembro de 1961, proclamando-a "Mãe das Américas". A oração que compôs demonstra sua devoção e homenagem filial:

"Salve, Mãe das Américas, Missionária Celestial do Novo Mundo. Desse Santuário de Tepeyac, tens sido, por quatro séculos, Mãe e Mestra da fé para os habitantes da América. Sê também nossa Protetora e salva-nos! Ó Maria Imaculada, ajuda nossos governantes; fomenta em nossos Prelados um novo fervor; aumenta as virtudes de nosso clero e preserva para sempre nossa fé! Que floresça em cada casa a santidade da família e que, sob seu abrigo, exista educação católica, amparada por teu bondoso olhar para que adquiram um saudável crescimento".

Seu sucessor, o papa Paulo VI, conferiu uma singular honra ao Santuário, ofertando-lhe uma Rosa de Ouro no dia 25 de março de 1966, um privilégio que foi ofertado também a Lourdes, a Fátima e a Aparecida.

Hoje, Guadalupe é o maior Santuário Mariano no mundo inteiro, visitado anualmente por mais de vinte milhões de peregrinos. Durante o ano, dia após dia, multidões intermináveis de peregrinos do mundo inteiro dirigem-se ao Santuário. Silenciosos e tranquilos, muitos deles percorrem os últimos metros de joelho. Constituem uma parcela representativa da humanidade – senhores bem-vestidos, operários da construção civil, jovens funcionários públicos, trabalhadores em geral, camponeses, mães com seus pequenos filhos, grupos de famílias, homens e mulheres de cabelos grisalhos, adolescentes de cabelos compridos dentro de largas calças de vaqueiros –, a diversidade não tem fim.

Muita gente pobre chega coberta de pó, suja e cansada, depois de vários dias de caminhada a pé, mas com seus olhos brilhando com o fervor de sua fé e seu amor, enquanto se unem em um poderoso coro de louvores: "Perfeita e sempre Virgem Maria, Mãe do Deus Verdadeiro".

Alguns carregam coloridos estandartes de seda e outros esplêndidos adornos florais ou simples coroas de flores para colocar aos pés da sagrada imagem.

Faz cerca de meio século, no ápice da perseguição sob o regime de Plutarco Elias Calles, que o padre Miguel Pró, famoso mártir do México, escreveu sobre os peregrinos: "Quase todo o povo da cidade desfilou perante a sagrada imagem de Nossa Senhora de Guadalupe e eu não posso afastar-me de tal espetáculo. Milhares de pessoas caminham sobre a Avenida Peralvillo, de joelho ou descalços, rezando e cantando, tanto ricos como pobres, a classe trabalhadora e a classe alta. Nosso próprio coro se uniu à multidão, todos aclamando a Virgem Maria, Cristo Rei, o Papa e os Bispos".

A cada mês de maio chegam ao Santuário centenas de milhares de meninas, todas vestidas de branco, cada uma levando um ramo de flores que depositam no enorme Santuário; no mês de junho faz o mesmo um número igual de meninos. Durante o mês de dezembro, realizam-se incontáveis peregrinações de diversos grupos, como os fabricantes de balões ou os taxistas; estes últimos paralizam o tráfego da Cidade de México durante horas. Cada taxi, com seu pequeno altar guadalupano, é aspergido com água benta por dezenas de sacerdotes.

Durante todos os meses do ano, grupos variados realizam sem descanso coloridas danças religiosas na frente da Basílica como forma de saudação a sua Virgem Mãe. Conforme vão terminando as danças, misturam-se aos inumeráveis peregrinos que passam pelo interior da Basílica como ondas do mar.

Rezando de joelhos ante a imagem sagrada, a silenciosa multidão de peregrinos se entrega à atração magnética da presença, a essa ternura maternal que parece repetir pessoalmente a cada um aquelas palavras que pronunciou há séculos a Juan Diego:

"Eu sou tua Mãe Misericordiosa, a Mãe de todos aqueles que vivem unidos nesta terra e de toda a humanidade, de todos aqueles que choram, de todos aqueles que me procuram, de todos aqueles que confiam em mim. Aqui escutarei teu pranto e remediarei e aliviarei teus sofrimentos, necessidades e aflições".

"Quando o turista entra na sempre abarrotada Basílica de Guadalupe" – escreveu Henry F. Unger, no início dos anos setenta –, "fica surpreendido com as belezas do retrato guadalupano que se encontra em cima do altar principal.

Posso recordar-me da intensa devoção dos mexicanos que se ajoelhavam ao redor do altar, cercados por uma quantidade de belas flores. Percebi também que um grande número de mexicanos entrava na capela contígua à do Santíssimo Sacramento. O visitante fica impressionado com o magnífico altar principal dessa capela e com os altares laterais. Eu mal podia mover-me nessa capela onde se distribuía a Comunhão, a cada quinze minutos. De todos os lados, os mexicanos se movimentavam de joelhos sobre o chão áspero, em direção ao Santíssimo Sacramento. Ali, com os braços estendidos, abriam seu coração para o Rei Eucarístico. Grupos de meninos circulavam ao redor de suas piedosas mães, cujos olhos estavam fixos na Hóstia. Outros mexicanos levavam ramalhetes de flores, colocando-as ao redor do altar. Alguns deixavam lembranças de alguma cura concedida através das orações a Nosso Senhor no Santíssimo Sacramento."

Em todos os Santuários Marianos do mundo, segue-se o mesmo padrão. Maria conduz os peregrinos a seu Divino Filho, presente na Eucaristia. Com os braços abertos, Ela dá as boas-vindas a seus filhos, desejando abraçar a cada um deles e guiá-los aos pés de Jesus que, em outros tempos, também esteve em seus braços. Portanto, podemos chamá-la também de Nossa Senhora do Santíssimo Sacramento, esse é "O título mariano mais teológico depois de 'Mãe de Deus'", declarou o papa Pio X.

Não nos esquecemos de Juan Diego. Nossa Senhora escolheu aparecer a Juan, que era humilde e pertencia à última e mais baixa classe social, para que ninguém se sentisse excluído de seu amor maternal. Uma comissão eclesiástica reuniu todos os dados e documentos para introduzir a causa da beatificação de Juan Diego, que foram enviados a Roma em seu devido tempo. Esse processo foi inevitavelmente lento, já que o pouco que se conhece de sua vida possivelmente resulte insuficiente para satisfazer as exigências de Roma, quando consideram a vida detalhada e as virtudes de um candidato à santidade (Dá-nos grande satisfação saber que João Paulo II beatificou Juan Diego, no dia 8 de setembro de 1992).

Em uma Carta Pastoral, datada de abril de 1939, o bispo Manrique Zárate, da Cidade de México, declara: "Juan Diego havia tido a sublime experiência de contemplar a Mãe de Deus, por quem foi tão amado, que só ele se tornou o portador de sua mensagem de amor para a jovem Igreja mexicana. Essa consideração deve ser suficiente para que condenemos o lamentável lapso por termos perdido todos os mexicanos, especialmente aqueles que, através de sua posição, status ou responsabilidade social, deveriam ser os primeiros a ajudar o avanço da glorificação de Juan Diego".

Um dos maiores apóstolos vivo de Nossa Senhora de Guadalupe, o Doutor Charles Wahlig, O.D., de Nova York, desempenhou um papel importante no andamento da causa de Juan Diego. Em 1968, viajou a Roma para solicitar ao papa Paulo VI que fizesse um discurso a respeito da importância de Juan Diego. Entretanto, circunstâncias diversas alertaram o Santo Padre quanto a fazer essa declaração, embora estivesse muito entusiasmado sobre o assunto e tivesse outorgado ao Dr. Wahlig uma medalha por ter realizado "um trabalho muito apostólico", promovendo a referida causa. Três anos depois, o Dr. Wahlig escreveu o primeiro livro sobre Juan Diego (ver bibliografia) e em 1974 foi o responsável pela formação de uma comissão que deu os primeiros passos para a apresentação da causa de beatificação. Pouco depois, introduziu a vice-postulação para a causa de Juan com 157 valiosas páginas de documentos reunidos cuidadosamente no Departamento de Manuscritos Antigos da Biblioteca Pública de Nova York.

Nunca foi mais claro o papel de Juan Diego como modelo de irmão apostólico. "Por quê" – pergunta o Dr. Wahlig – "é desprezado pela Igreja um favorito tão especial da Virgem, que representou um importante papel na história do Cristianismo, enquanto que são honrados outros que menos proporcionaram? Por que não se deve perpetuar a figura de Juan Diego como parte integrante da sagrada imagem, só porque se descobriu mais de 400 anos depois?" (Aqui o Dr. Wahlig refere-se ao surpreendente descobrimento das imagens nos olhos da Virgem, o que se comentará amplamente no próximo capítulo.) A resposta a esse mistério chegará a ser mais clara com o andar dos tempos.

Entretanto, da maneira como se formulou o Decreto do Vaticano II, sobre o Apostolado dos Leigos, tem-se a impressão de que o Concílio tinha o pensamento voltado para Juan Diego. Por meio desse camponês de classe inferior, pobre entre os pobres, Deus demonstrou que todos, sem importar sua condição de vida, podem responder ao chamado da ação divina e, se for necessário, sob a graça e a assistência do Espírito Santo, alcançar resultados verdadeiramente monumentais, como os de Frank Duff, fundador da Legião de Maria. Nossa Senhora disse a Juan: "É extremamente necessário que sejas tu o que deve levar a cabo essa missão e que seja por meio de ti e com tua ajuda que meu desejo se cumpra". Aceitando essa missão, Juan tornou-se o modelo de todos os irmãos apóstolos.

Hoje em dia, no meio de tantas dificuldades, podemos

aprender por imitação, sobretudo da ilimitada paciência e perseverança de Juan, confiados em que, se nos esforçarmos ao máximo para realizarmos qualquer empreendimento que Deus solicite de nós, conservando como prioridades a oração e os sacrifícios, não poderemos falhar. "Portanto, queridos filhos" – disse o papa Paulo VI –, "está em vossas mãos dar generosamente vossa ajuda, para o que vos é solicitado para a renovação interior da Igreja, para a reconciliação de todos os cristãos, assim como dar ao mundo de hoje um testemunho de caridade, 'para que o mundo possa crer'".

Repetindo essas palavras, o próprio Dr. Wahlig, um apóstolo infatigável, disse o seguinte: "Se o retrato milagroso da Santa Virgem Maria é o sinal da última batalha da mulher com a serpente, também é o início da participação leiga no apostolado da Igreja, como o conhecemos nos tempos atuais, especialmente no apostolado que surgiu pela união com Maria. Guadalupe é um claro exemplo de que Nossa Senhora não quer trabalhar sozinha, mas que utiliza instrumentos humanos, totalmente dedicados a Ela por amor, para cumprir seus desejos".

Voltando a nossa narração sobre o Santuário e seu desenvolvimento, os mexicanos ficaram consternados, no início da década de 70, ao saber que sua amada Basílica estava em perigo de afundar. Estava claro, desde há algum tempo, que a enorme estrutura estava afundando e se inclinava lentamente.

Quando os lagos próximos foram drenados muitos anos antes, a primeira camada ficou inundada; como consequência, muitos edifícios começaram gradualmente a afundar para dentro do lodo úmido dos antigos lagos. Os engenheiros fizeram maravilhas para elevar o nível dos edifícios tentando salvá-los; apesar, porém, de todos os seus esforços, foram incapazes de deter o inexorável afundamento da Basílica.

Afinal, Luís Echeverria, Presidente do México, decidiu construir um novo e imenso templo de forma circular para que abrigasse a sagrada imagem.

No dia 12 de outubro de 1976, a nova e imponente construção estava pronta para permitir o translado da imagem sagrada do antigo santuário barroco. Com um custo de $ 70 milhões no ano de 1975 e com uma capacidade para 10.000 pessoas sentadas, a grande estrutura circular foi desenhada – segundo o padre Manuel Ponce, Secretário da Comissão Nacional Mexicana para as Artes Sacras – "para difundir um novo critério nas construções de Igrejas". O revolucionário desenho desse novo edifício enfrentou muitas críticas.

A vila de Guadalupe

Curiosamente, logo que se abriu o novo templo, a antiga Basílica deixou de afundar. Na mesma ocasião, o Governo publicou uma lei, requisitando todas as Igrejas mexicanas que datavam do período colonial para transformá-las em museus de Arte Religiosa, entre as quais a antiga Basílica seria a primeira a ser transformada. Entretanto, tantos foram os protestos que esse plano teve de ser adiado e o edifício permaneceu fechado, para evitar um clamor popular que exigia a volta da sagrada imagem para sua antiga e amada casa.

Este autor não é ninguém para comentar o estado deplorável da presente situação, mas podemos confiar que, quando Deus o decidir, Nossa Senhora resolverá pacificamente essa controvérsia, para satisfação de todos.

O maior dia da história de Guadalupe foi, sem dúvida, o dia 27 de janeiro de 1979, quando o papa João Paulo II visitou o Santuário, antes de se dirigir à Conferência dos Bispos Latino-americanos em Puebla. Rendendo sua homenagem ante a imagem coberta de flores, Sua Santidade declarou: "Desde o momento em que o indígena Juan Diego falou com a doce Senhora de Tepeyac, tu, Mãe de Guadalupe, entraste definitivamente na vida cristã dos mexicanos".

As palavras do Santo Padre expressaram uma verdade que é claramente visível por todo o país. Pois que é raro encontrar uma casa que não tenha a sublime imagem de Nossa Senhora de Guadalupe e que não a honre diariamente como o centro da devoção familiar para com a Mãe de Deus. Sua presença transforma cada casa em um altar, de onde Nossa Senhora olha para cada um dos membros da família com a mesma beleza sobrenatural e amorosa com que, um dia, contemplou o rosto encantado de Juan Diego. Ela pronuncia, para todos, as mesmas palavras gentis e precisas: "Não estou aqui, eu, que sou tua mãe?"

Para celebrar a ocasião memorável de sua visita, o papa João Paulo II compôs a seguinte oração a Nossa Senhora de Guadalupe:

"Oh! Virgem Mãe Imaculada do verdadeiro Deus e Mãe da Igreja! Tu, que deste lugar revelas tua clemência e piedade para todos aqueles que pedem tua proteção, escuta a oração que te dirigimos com confiança filial e apresenta-a a teu Filho Jesus, nosso único Redentor. Ó Mãe Imaculada, Mestra do sacrifício e do silêncio oculto, a ti, que vieste conhecer os pecadores te dedicamos neste dia todo o nosso amor! Também te dedicamos nossa vida, nosso trabalho, nossas alegrias, nossas fraquezas e nossos sofrimentos. Concede a nosso povo paz, justiça e prosperidade, porque confiamos a teu cuidado, Nossa Mãe e Senhora, tudo o que temos e tudo o que somos. Desejamos ser totalmente teus e caminhar contigo o caminho da fidelidade total com Jesus Cristo em sua Igreja: guia-nos sempre com tua afetuosa mão!

Virgem de Guadalupe, Mãe das Américas, nós te pedimos por todos os bispos para que eles possam levar a fé através dos caminhos da intensa vida cristã, de amor e humilde serviço a Deus e às almas. Contempla esse fruto imenso e intercede junto ao Senhor para que Ele possa inculcar um desejo de santidade em todo o povo de Deus e suscitar abundantes vocações de sacerdotes e de religiosas, fortes na fé e administradores zelosos dos mistérios de Deus. Concede a nossas famílias a graça do amor e da vida respeitada desde seu início, com o mesmo amor com o qual concebeste em teu seio a vida do Filho de Deus.

Santíssima Virgem Maria, Mãe do Amor Justo, protege nossas famílias para que sempre permaneçam unidas e abençoa a educação de nossos filhos.

Nossa esperança é que tenhas compaixão de nós; ensina-nos a procurar Jesus Cristo continuamente e, se cairmos, ajuda-nos a nos levantarmos para retornar a Ele por meio da confissão de nossas faltas e pecados através do Sacramento da Penitência que traz paz à alma. Imploramos-te que nos ensines a sentir um grande amor pelos Santos Sacramentos, que são, como sempre foram, os sinais que teu Filho deixou na Terra. Por eles, Mãe Santíssima, com a paz de Deus em nossas consciências, com nossos corações livres de todo o mal e ódio, seremos capazes de sentir a alegria e a paz verdadeira que vêm a nós de teu Filho e Nosso Senhor Jesus Cristo que, com Deus Pai e com o Espírito Santo, vive e reina pelos séculos dos séculos. Amém".

Em fins de 1979, ocorreu um acontecimento de particular importância para os peregrinos guadalupanos de língua inglesa. Alguns anos antes, Helen Behrens havia estabelecido um centro de atendimento perto do Santuário, para todos os visitantes de língua inglesa, que, porém, se fechou após sua morte. Entretanto, no dia 16 de julho de 1979, a Associação da Rainha das Américas reuniu-se no Santuário de Santa Elizabeth Seton em Emmitsburg, Maryland, e resolveu tratar de estabelecer outro centro em Guadalupe, para que os peregrinos pudessem apreciar mais profundamente o milagre e a mensagem de Guadalupe e a garantia protetora de Nossa Senhora, "para todos aqueles que habitam nesta terra e para toda a humanidade, para aqueles que me amam".

Esse projeto foi aprovado por oitenta bispos estadunidenses e por um grande número de católicos naquele país. No princípio do mês de dezembro de 1979, o Reverendo bispo Jerome Hastrich, Presidente da Associação, e John Haffert, Secretário Interino (e Delegado leigo internacional do Exército Azul de Nossa Senhora de Fátima), viajaram para o México, com a intenção de procurar um local adequado e formar uma associação para o desenvolvimento e a administração do novo centro.

Uma comissão previamente formada na cidade de México para dar assistência à fundação de um novo centro para os peregrinos de língua inglesa ajudou o bispo Hastrich e John Haffert a encontrar o lugar adequado, uma grande propriedade na Avenida Allende, 33. Ao lado do Convento Beneditino das Irmãs Missionárias de Nossa Senhora de Guadalupe, com hospedagem para mais de 300 pessoas, três auditórios diferentes, uma capela e um refeitório.

As Irmãs expressaram seu desejo de cooperar no projeto e ofereceram suas instalações para os peregrinos de língua inglesa.

Em uma reunião posterior na cidade, a comissão mexicana com o bispo Hastrich e com John Haffert decidiram denominar seu novo centro "Casa Reginae" ou "Casa da Rainha das Américas" e estabelecer uma Diretoria que a administrasse. Estava assegurada a aprovação do Reitor da Basílica (Willian Schulenburg) e o cardeal Corripio Ahumada, de México, expressou uma calorosa aprovação ao projeto e aceitou tornar-se membro do Comitê temporário para a formação da referida Diretoria. Sua Eminência revelou depois que o papa João Paulo II recentemente os havia visitado, a ele e ao cardeal Miranda, no Colégio Mexicano em Roma e que, ao passar na frente de uma pintura da sagrada imagem, disse: "Sinto-me atraído por este retrato de Nossa Senhora de Guadalupe porque seu rosto está tão cheio de ternura e simplicidade... que me chama".

O estabelecimento desse novo centro beneficiaria britânicos, irlandeses, australianos e muito outros peregrinos de língua inglesa que visitam o Santuário em quantidades cada vez maiores, conforme se estende a fama da imagem sagrada através do mundo. Estamos seguros de que Nossa Senhora dá as boas-vindas a cada nova iniciativa que lhe permita ajudar esses visitantes que vêm de longe para adquirir um conhecimento mais profundo do significado de seu retrato e de sua presença. Resumindo as palavras do famoso poeta Jesuíta, padre Abed, "Qua neque amabilus quidquam est en pulchrius orbe" ("Não existe neste mundo nada mais amável e mais belo que Ela").

Esta figura, com as estrelas que aparecem no manto da imagem, representa os astros mais brilhantes e visíveis na madrugada do inverno de 1531. Para entrar nesta manifestação prodigiosa, recomendamos a leitura do livro "A Virgem de Guadalupe e as estrelas" de Dr. Juan Homero Hernandez, Pbro. Mario Rojas e Monsenhor Enrique Salazar.

VII
O VEREDICTO DA CIÊNCIA

Antes de examinar a surpreendente evidência que comprova a origem sobrenatural da sagrada imagem, é necessário conhecer alguns aspectos sobre o material da "tilma".

A "tilma" era um adereço externo comum aos homens, usada na frente como um avental largo e que, frequentemente, era dobrado para cima para ser utilizado como uma bolsa ou se enrolava ao redor dos ombros como uma capa.

Eram utilizados estilos diferentes desse adereço, desenhados para as diferentes classes sociais astecas. A classe alta usava uma tilma, ou um adereço de algodão, que era amarrada sobre o ombro direito, ao passo que a classe média, à qual pertencia Juan Diego, vestia uma tilma feita com a fibra de uma espécie de cacto, um tecido grosso tirado dos fios daquela planta (maguei). Era amarrada sobre o ombro esquerdo e tinha uma cor amarelada. A classe baixa amarrava o adereço no pescoço, razão pela qual podia ser usada para se carregar alguma coisa.

A tilma de Juan Diego era constituída de duas partes retas, de tecido de fibra de cacto, unidas no centro por um tecido muito grosseiro que, quando é observado de perto, parece ser quase transparente. Durante o século XVI, o adereço de Juan Diego foi cortado no tamanho da imagem, cujas dimensões são de 1,68 m por 1,05 m. A figura de Nossa Senhora mede 1,43 m de altura e, como declarou Coley Taylor, parece crescer conforme se vai afastando, devido a alguma propriedade desconhecida de sua superfície por causa da luz que se reflete sobre ela.

Como que por uma intuição preconcebida, a cabeça da Virgem está graciosamente inclinada para a direita, evitando a costura central que, de outra maneira, desfiguraria seu rosto. Seus olhos têm o olhar baixo, porém as pupilas são claramente visíveis e, como já observamos, parecem brilhar cheias de vida. A impressão geral que nos oferecem suas feições é a de uma ternura incomparável e de afeto sobrenatural que simples palavras não são capazes de retratar.

Até esta data, o retrato sublime tem desafiado as reproduções perfeitas por pincel ou câmera fotográfica. As cópias realizadas meticulosamente não conseguem captar a delicadeza na expressão da Virgem, nem o agradável traço de seus olhos e lábios. Assim como conseguem reproduzir, tampouco, a misteriosa troca de cores que se observa na imagem, o que comentaremos mais adiante.

O Professor Tanco Becerra escreveu em 1666: "O grande mestre da arte da pintura confessa que uma expressão tão bela, de modesta alegria, é humanamente inimitável!" Um século depois, o grande pintor mexicano, Ibarra, escreveu: "Jamais nenhum pintor foi capaz de pintar ou delinear Nossa Senhora de Guadalupe. Sua singular originalidade prova que o retrato não é produto de um artista humano, senão do Todo-Poderoso!"

Realizaram-se consideráveis esforços, durante décadas anteriores, para se produzir uma cópia fotográfica exata da sagrada imagem, com a ajuda de equipamentos muito sofisticados e técnicas de luz. Entretanto, os melhores resultados obtidos foram distorções comparadas com a inigualável beleza do original. O mais que podemos dizer a respeito de milhões de cópias que existem é que nos lembram o original. Por consenso geral, a cópia menos imperfeita é a que se encontra no Santuário Nacional de Nossa Senhora das Américas, em Allentown, Pensilvânia, EUA.

Já comentamos que o tempo de vida daquele tecido, com os fios daquela espécie de cacto, é de cerca de vinte anos. Entretanto, depois de quatrocentos e cinquenta anos, a tilma não mostrou o mais ligeiro sinal de deterioração. Suas cores permanecem tão vivas e frescas como quando se materializaram ante o olhar surpreso do Bispo Zumárraga. Apesar do fato de que a sagrada imagem esteve sem proteção, nem sequer de um vidro, em uma capela úmida do tamanho de uma sala de estar e com janelas abertas, onde estava diretamente exposta à contínua fumaça, ao incenso e a incontáveis velas que ardiam debaixo dela.

As emanações de cera ardendo são particularmente destrutivas, já que contêm hidrocarbonatos corrosivos, ionizações e possibilidades de enegrecimento. A contaminação acumulada em um espaço tão reduzido deveria ter enegrecido o retrato até torná-lo irreconhecível. Apenas queremos recordar a rocha enegrecida pela fumaça na Gruta de Lourdes, que, entretanto, está aberta aos ventos para observar a destruição da contaminação a que esteve exposta a sagrada imagem durante todos esses anos. Entretanto, conserva sua beleza e seu frescor encantador para alegria de todos.

O Professor Phillip Callahan, biofísico da Universidade da Flórida, que estudou o retrato celestial em 1979 declarou em sua entrevista que em certa ocasião havia medido em uma só vela mais de 600 microwatts de luz ultravioleta. Se multiplicarmos esse valor por centenas de milhares ou mais, obteremos um ambiente intolerável para qualquer pintura. "O excesso de luz ultravioleta" – escreveu ele – "escurece rapidamente a maioria dos pigmentos da cor, quer sejam orgânicos ou inorgânicos, especialmente os azuis". A sagrada imagem, porém, parece ser indestrutível, como se fosse imune aos mais daninhos efeitos dos maus-tratos humanos.

Durante os anos em que permaneceu desprotegida na úmida capela de pedra em Tepeyac, foi tocada literalmente por milhões de afetuosas mãos e lábios – o mesmo contato persistente que desgastou a rocha da Gruta de Lourdes. Os homens tocavam-na com sua espada, as mulheres com seus adornos. Outros, movidos por seu fervor, abraçavam-na, apertando o delicado material com suas mãos e acariciando-o com grande devoção, como se se tratasse de algo vivo. Inumeráveis enfermos punham a tilma sobre seus corpos doentes ou incapacitados e muitos devotos cuidadosamente desprendiam fios do adereço para guardá-los como relíquias preciosas. Mesmo depois que a imagem sagrada foi colocada atrás de uma proteção de vidro, tinham de retirá-la com frequência para satisfazer as insistentes súplicas de milhares de fervorosos devotos que ansiavam por tocá-la ou por beijar seu formoso rosto pelo menos uma vez mais. Em 1753, Miguel Cabrera declarou que viu que a tilma foi tocada quinhentas vezes por vários objetos em duas horas.

A extraordinária fragilidade da tilma aparece imediatamente pelo único e delgado fio de algodão que une as duas peças do avental. "Esse fio tão frágil" – disse Cabrera – "resiste e, por mais de dois séculos, resistiu à força da gravidade natural e ao peso dos pedaços do tecido que une e que são de um material muito mais pesado e grosso".

O ambiente que existia e ainda existe em Tepeyac está longe de ser ideal para a conservação de qualquer trabalho artístico. A região está exposta aos ventos que com frequência estão carregados de umidade e de poeira.

Os pântanos não drenados que rodeavam a Cidade de México durante séculos emanavam um vapor corrosivo que carcomia desde fábricas até monumentos de pedra e cimento. "Só o fato de que a frágil tilma tenha resistido a essa influência universalmente penetrante e deteriorante" – disse Fr. Lee – "é motivo de grande admiração; o ponto máximo dessa maravilha é que conserva suas delicadas cores com todo o seu frescor".

Esses atributos permanentes da sagrada imagem foram a causa para que mais de um racionalista se inclinasse ante a evidência sobrenatural. Por exemplo, em 1976 o arquiteto agnóstico, Ramirez Vázques, que desenhou os planos da nova Basílica, pediu permissão para estudar a sagrada imagem. Examinou-a tão cuidadosamente que se converteu ao Catolicismo.

Outro fator que prova a origem sobrenatural da imagem sagrada é sua inexplicável preservação durante todos os desastres que ocorreram através dos séculos. Por exemplo: em 1791, um trabalhador que limpava a moldura de ouro e prata que contorna o retrato derramou acidentalmente sobre a imagem um frasco de ácido nítrico. O ácido, em vez de destruir o delicado tecido, para alívio do descuidado trabalhador, só deixou sobre o material uma marca de água quase imperceptível.

Cruz de ferro protege a sagrada imagem de um atentado com bomba

Durante a terrível perseguição que a Igreja no México sofreu sob o regime de Plutarco Elias Calles, nos anos da década de 1920, quando fechavam as igrejas e eram martirizados sacerdotes e freiras, inclusive o piedoso Padre Miguel Pró que na frente do pelotão de fuzilamento gritou: "Viva Cristo-Rei!". Entretanto, não se atreveram a fechar o amado Santuário de Nossa Senhora de Guadalupe, com medo de provocar uma violenta insurreição. Em lugar disso, trataram de arrancar a fé dos corações dos mexicanos por meio de um diabólico estratagema. No dia 14 de novembro de 1921, esconderam dentro de uma grande floreira uma poderosa bomba-relógio, colocando-a sob a sagrada imagem. Durante a missa, às 10h30 da manhã, a bomba explodiu com um estrondo ensurdecedor, arrancando afiados pedaços do mármore e das paredes de alvenaria do Santuário e convertendo em cacos os magníficos vitrais da Basílica. Uma pesada cruz de ferro que se encontrava sobre o altar destruído ficou completamente retorcida, como se fosse de barro modelado. Entretanto, quando se dissiparam o pó e as nuvens de fumaça, escutaram-se murmúrios de surpresa e alívio entre os estupefatos celebrantes e a comunidade que milagrosamente não haviam sido atingidos seriamente. A venerada imagem estava completamente intata e o fino vidro protetor que a protegia nem sequer estava trincado, como se um braço invisível a houvesse protegido dessa monstruosa explosão.

Quando terminou a perseguição, o retrato celestial foi emoldurado atrás de um vidro à prova de balas e inaugurou-se uma Capela da Reparação especial ao Santíssimo Sacramento, com o fim de se repararem esse e outros ultrajes cometidos durante o governo de Calles. A cruz de ferro retorcida foi colocada dentro de um estojo de vidro, para lembrar aos peregrinos a assombrosa proteção dispensada à imagem durante a terrível explosão.

"Nossa Senhora é venerada na Basílica de Guadalupe" – disse Henri F. Unger –, "mas não nos esquecemos de seu Filho. O constante fluxo de mexicanos que acodem à Capela da Reparação atesta esse fato. Desde que se cometeu essa maldade na enorme Basílica de México, quando Nossa Senhora resistiu aos efeitos dessa diabólica bomba-relógio, abriu-se uma gloriosa capela de reparação diária, perto do lugar onde Juan Diego contemplou Nossa Senhora pela primeira vez, para se oferecer consolo ao Senhor Eucarístico".

Através dos séculos, a sagrada imagem foi submetida a um sem-número de exames e estudos detalhados por pessoas experientes na arte e por cientistas para se determinar se pode existir alguma explicação natural para sua existência. Entretanto, até esta data, todas as investigações, microscopias, exames por raios infravermelhos ou por ampliações fotográficas computadorizadas comprovaram sua origem sobrenatural. Como veremos mais adiante, a fotografia com raios infravermelhos é particularmente reveladora, já que pode detectar pinceladas ou correções na pintura e, de particular importância, pode descobrir a existência de traços preliminares sob o trabalho final, um pré-requisito essencial para quase todas as pinturas.

Em 1936, Fritz Hann, professor alemão, que vivia no México, foi convidado por seu governo para assistir aos Jogos Olímpicos que se realizariam em Berlim nesse ano. Justamente antes de sair para a Europa, o Dr. Ernesto Pallanes lhe deu dois fios da sagrada imagem, um vermelho e outro amarelo. Pallance havia recebido esses fios do bispo de Saltillo que, por sua vez, os havia recebido de Dom Feliciano Echavarria para o relicário do Bispo. Juntamente com os dois fios, o Professor Hahn levou uma carta de recomendação do Professor Marcelino Junco, professor de Química Orgânica aposentado da Universidade Nacional de México, para o ganhador do Prêmio Nobel em Química, o alemão Richard Kuhn, Diretor do Departamento de Química do Instituto "Kaiser Wilhelm", em Heidelberg.

Kuhn examinou os fios com seu costumeiro cuidado e depois fez um anúncio incrível. Não existia coloração de espécie alguma nos fios. O material utilizado para produzir o que pareciam cores era desconhecido para a ciência, já que não era tintas animais, nem vegetais, nem minerais. Foi descartada a utilização da coloração sintética, já que esse processo foi desenvolvido três séculos depois do aparecimento da sagrada imagem.

A hipótese de que a sagrada imagem fosse uma pintura também foi descartada em 1946, quando um exame microscópico comprovou que não existiam pinceladas. Tampouco havia indícios da clássica assinatura do artista no canto inferior do retrato. Tanto em 1954 como em 1966, o professor mexicano Francisco Campos Ribera realizou um exaustivo estudo da sagrada imagem, chegando à mesma conclusão.

Se o retrato não era uma pintura, o que era então?

A composição de seu material devia ser constituído por algo definido, já que podia ser visto e tocado. Se, porém, tinha uma origem sobrenatural, como podia ser igualado ao material terreno em termos científicos?

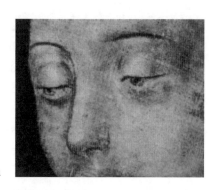

O reflexo de Juan Diego
no olho da sagrada imagem

Em 1929, Alfonso Gonzales, fotógrafo profissional, ampliou várias vezes uma fotografia da sagrada imagem e ficou surpreendido ao descobrir o que parecia ser um rosto humano nos olhos de Nossa Senhora. Sua descoberta foi guardada confidencialmente para ser investigada com o maior cuidado. As implicações, porém, dessa descoberta nunca impressionaram as autoridades e o assunto foi sendo deixado de lado e, afinal, esquecido.

No dia 29 de maio de 1951, um desenhista de nome J. Carlos Salinas Chávez examinava com uma poderosa lupa uma fotografia ampliada do rosto da sagrada imagem. Quando a lente percorreu a pupila do olho direito, ele se surpreendeu ao encontrar dentro dela as feições e o torso de um homem barbudo. Esse fenômeno chegou ao conhecimento do arcebispo da Cidade de México, que formou uma comissão especial de investigação. Confirmou-se a descoberta e, no dia 11 de dezembro de 1955, tornou-se pública, juntamente com a revelação de que o rosto que se encontrava na pupila de Nossa Senhora foi identificado com o de Juan Diego através de uma pintura contemporânea.

No seguinte mês de julho, dois oftalmologistas, os

Doutores Javier Torroello Buene e Rafael Torifa Lavoignet, examinaram os olhos da sagrada imagem, a princípio sem a ajuda de alguma lupa. Depois, o Dr. Lavoignet disse ao Fr. Bruno Bonnet-Eymard: "Certos detalhes me surpreenderam. De modo especial, os reflexos de luz". Depois, reviu cuidadosamente os olhos com uma poderosa lupa. "Eu sabia que se havia descoberto a parte superior de um corpo humano nos olhos da Virgem", confessou ao Fr. Bruno. "Observei com grande atenção e comprovei que aparecia um corpo humano na córnea de ambos os olhos. Primeiro observei o olho direito e depois o esquerdo. Em minha opinião, é necessário que se examine esse fato por meio de procedimentos científicos."

No dia 23 de julho de 1956, o Dr. Lavoignet realizou um meticuloso exame dos olhos com a ajuda de um oftalmoscópio. Depois, comentou ao Fr. Bruno: "Nas córneas dos olhos, pode-se observar um torso humano. A posição e o lugar das imagens ópticas são idênticos às que se produzem no olho humano, pode-se ver um reflexo de luz que brilha no círculo exterior. Seguindo-se esse reflexo e trocando-se as lentes adequadas do oftalmoscópio, é possível obter-se a imagem no interior dos olhos. Se se dirige a luz do oftalmoscópio para a pupila do olho da imagem da Virgem, aparece o mesmo reflexo de luz. Como consequência desse reflexo, a pupila se ilumina de um modo difuso dando a impressão de um relevo côncavo. Esse reflexo é impossível de se obter em uma superfície plana e, menos ainda, se é opaca como neste retrato. Do mesmo modo, examinei com a ajuda do oftalmoscópio os olhos de várias pinturas, tanto a aquarela como a óleo, assim como fotografias. Em nenhuma delas, todas de pessoas diferentes, foi-me possível encontrar o mínimo reflexo; por esta razão, os olhos da Virgem dão a impressão de ter vida".

Para continuar com este fascinante descobrimento, citaremos as próprias palavras do Fr. Bruno: "Parece como se um raio de luz penetrasse por uma cavidade enchendo um globo ocular volumétrico, que irradia de dentro uma luz difusa. Eu mesmo realizei a experiência com um oftalmoscópio. O olho cor de bronze-avelã da Santíssima Virgem se ilumina e sobre a superfície brilha claramente a silhueta de um busto humano. A posição da cabeça está em três quartos de perfil, para a direita da Virgem e ligeiramente inclinada; o peito está emoldurado e alargado por um movimento dos braços para a frente, como se mostrassem alguma coisa. Tudo parece como se, no momento em que a imagem foi impressa, um homem que estava de frente para a Santíssima Virgem e que se refletia na córnea de seu olho fosse fotografado dessa maneira indireta".

"Há, porém, mais ainda" – continua. "A imagem desse torso mostra uma distorção que concorda exatamente com as leis de tal reflexo, 'in vivo'."

O Dr. Javier Torroella Buene também o notou e comentou com Fr. Bruno em 1979 o seguinte: "Se tomarmos um pedaço de papel de forma quadrada e o colocarmos em frente a nossos olhos, temos a impressão de que a córnea não é plana (nem tampouco esférica), porque se produz uma distorção de imagem, o que é uma função do lugar da córnea onde ela se reflete. Além disso, se movermos o papel para certa distância, reflete-se no outro canto lateral do outro olho, o que significa que, se uma imagem se reflete na região temporal do olho direito, se refletirá na região nasal do olho esquerdo, assim como aparece também no canto temporal do olho esquerdo. A distorção da imagem refletida é ainda mais surpreendente, já que obedece perfeitamente às leis de curvatura da córnea".

Como era de se esperar, essa notícia causou um impacto assombroso no México. O mistério estava à disposição de todos os que desejassem investigá-lo. A distorção e a assimetria das duas imagens ajustavam-se exatamente às leis ópticas. Como consequência, isso justificava qualquer explicação do observador que fosse vítima de impressão subjetiva, quer fosse acidentalmente quer fosse de ordem material.

Como se a tilma de Juan Diego fosse uma película a cores exposta que tivesse fotografado a Virgem (embora invisível ao olho humano) no momento em que ele se refletiu em seus olhos, um fato incrível que se manteve oculto por mais de quatrocentos anos e que, por fim, foi revelado e confirmado pela ciência médica.

Essas grandiosas descobertas foram seguidas por um excitante achado em 1962. O Dr. C. Wahlig O. C. e sua esposa Isabelle, especialista em medida de acuidade visual (optometria), examinaram uma fotografia da imagem sagrada ampliada vinte e cinco vezes, na qual encontraram não só os dois rostos mais refletidos nos olhos da Virgem, mas também, ao aplicar a lei do reflexo em espelhos convexos, foram capazes de reconstruir as circunstâncias exatas nas quais foi criado o retrato celestial.

"A córnea funciona como um espelho convexo, com um raio de cerca de 7,5 mm, variando levemente entre uma pessoa e outra", explicou o Dr. Wahlig em uma entrevista datada de setembro de 1963. "Nosso genro, Edward Gebhardt, conta com grande experiência em técnicas fotográficas e sugeriu dois possíveis métodos para se realizar a reprodução. O primeiro era fotografar o olho a curta distância para se obter claramente os reflexos visíveis das pessoas situadas em frente ao olho. O segundo método era fotografar uma pessoa a vários metros de distância, depois ampliar a fotografia até que o olho cubra o papel por completo; depois, estudar os reflexos das pessoas que se encontravam na frente do olho que havia sido fotografado.

Decidimos que as primeiras fotografias fossem tomadas, utilizando-se o primeiro método. Com uma câmera construída especialmente para se tomar aproximações, tiramos fotografias de nossa família em posições semelhantes às que acreditávamos serem as da cena original retratada nos olhos de Nossa Senhora. Nossa filha Mary posou como Nossa Senhora e é seu olho que está fotografado nos retratos. Minha esposa, minha filha Carol e eu nos colocamos em frente a Mary e nossos reflexos apareceram na córnea de seu olho, como se pode comprovar nas fotos anexas.

No momento em que Juan se apresentou diante do bispo com as flores, Nossa Senhora já estava presente no aposento, mas decidiu permanecer invisível. Em vez de oferecer-lhes uma indicação perdurável e visível de sua presença, preferiu imprimir um retrato autêntico de si mesma na tilma de Juan Diego, enquanto premanecia ali observando a cena. O retrato está completo em cada detalhe, mesmo os reflexos de Juan Diego em seus olhos e os de outras duas pessoas de pé a seu lado e de alguém que aparentemente está olhando sobre seus ombros. Pela postura de Juan Diego e pela posição dos outros dois, parece que não se aperceberam da presença de Nossa Senhora. Parece que as duas pessoas observam Juan Diego e presumimos que Juan contempla o bispo."

É importante fazer notar que os reflexos da córnea não haviam tido verificação científica, até que o Barão Von Helmholtz os confirmou em um tratado sobre o olho, nos anos da década de 1880. Pelo fato de não ter sido possível captá-los anteriormente até a invenção da câmera fotográfica, nós nos encontrávamos diante de um fenômeno cientificamente inexplicável, isto é, quem poderia conhecer esses meios ou utilizá-los em 1531?

A entrevista do Dr. Wahlig continua: "Muito se perguntou a respeito das razões pelas quais se realizaram ampliações unicamente do olho direito do retrato de Nossa Senhora. Assim como a formação da imagem de um indivíduo deve refletir-se de igual modo em ambos os olhos, poderiam existir – e de fato existem na atualidade – circunstâncias físicas que pudessem impedir que fossem exatamente iguais. Haveria diferenças ainda maiores nos reflexos dos olhos da sagrada imagem devido à textura do tecido, assim como falhas e imperfeições do próprio tecido. Por razões práticas foram utilizados os reflexos do olho direito, já que estão mais bem definidos que os do olho esquerdo".

O Dr. Wahlig aceitou a colaboração de um impressionante número de especialistas nessa experiência tecnicamente difícil. Entre eles encontrava-se o Dr. Francis T. Avignone, um experiente optometrista e com antecedentes em estudos de óptica e optometria prática da Universidade de Colúmbia; o Sr. Edward Gebhardt, engenheiro de televisão da Compañia de Transmisión Nacional, que tirou as fotografias; o Dr. Michael Wahlig. PhD. (seu filho); o Dr. Alexander Wahlig, M.D. (seu irmão e cirurgião de olhos); o Dr. H. G. Nloyes, ML.D., oftalmólogo e estudioso das ciências ópticas da Universidade de Colúmbia, Nova York; o Dr. Glen Fry, PhD., a cargo do desenvolvimento óptico do Governo dos Estados Unidos durante a Segunda Guerra Mundial; o Dr. Italo Manneli, Professor de Física e Diretor do respectivo Departamento na Universidade de Pisa, Itália; e a esposa do Dr. Wahlig, uma B.A. e, como já mencionamos, uma experiente optometrista.

Pouco depois que se realizaram essas descobertas, a segunda figura refletida nos olhos de Nossa Senhora foi identificada como sendo eventualmente a de Juan Gonzales, o intérprete, que se encontrava ao lado de Juan Diego quando este desenrolou sua tilma diante do bispo. Essa identificação foi possível devido à descoberta em 1960 de uma pintura, perdida durante muito tempo, do milagre do homem morto que ressuscitou. Essa pintura, que foi executada por volta do ano de 1533 por três artistas que estavam familiarizados com os personagens principais da história de Guadalupe e que, por isso, eram capazes de desenhar fielmente alguém semelhante àqueles personagens, foi encontrada atrás do altar da antiga igreja de 1622, quando estava sendo restaurada em 1960.

Essa descoberta foi importante por várias razões, já que no México circulava a teoria de que as três imagens que apareciam nos olhos de Nossa Senhora eram todas de Juan Diego. A terceira imagem estava invertida, de acordo com a lei de óptica-psicológica, de Purkenje-Sanson. O fato de que a segunda imagem no olho de Nossa Senhora guarda uma forte semelhança com Juan Gonzalez é claro quando se examina sob uma lupa poderosa. A terceira imagem, ainda que muito imprecisa, tem uma grande semelhança com as feições do bispo Ramíres y Fuenleal, o qual, sabe-se com segurança, era o que se encontrava no aposento nesse momento.

"O ser dado à luz nesse momento em particular a existência dessa pintura teve um significado especial", comenta o Dr. Wahlig. "Parecia como se fosse parte de um plano para apresentar o quadro de Nossa Senhora a todos os homens de nosso tempo, como um fenômeno sobrenatural com validade científica. Quando continuaram os estudos sobre os reflexos nos olhos de Nossa Senhora em 1962, a descoberta, dois anos antes, da pintura de 1533 ofereceu um meio confiável de identificação."

O Dr. Wahlig confirmou que a terceira imagem mostra "uma grande semelhança" com o Bispo Ramírez y Fuenleal, que acabava de ser nomeado Administrador Geral do México. "Essa revelação complementa as outras descobertas relacionadas de maneira científica" – concluiu o Dr. Wahlig –, "o que confirma de maneira surpreendente as palavras das pessoas que viveram há centenas de anos (por exemplo, os historiadores) que a sagrada imagem é realmente um retrato do céu".

Em uma carta redigida com a data de 6 de dezembro de 1979, o Dr. Wahlid explicou: "Tivemos uma grande satisfação proveniente da pintura (do quadro, quando foi criada a imagem) de Miguel Cabrera, o maior pintor colonial do México, na qual aparecem as três pessoas quase na mesma posição em que se encontram refletidas nos olhos de Nossa Senhora. Esse quadro foi pintado por volta de 1750, o que mostra que deve ter existido uma tradição muito forte sobre as circunstâncias existentes no mesmo momento do aparecimento da sagrada imagem".

A pintura a que nos referimos se encontra atualmente na antiga Basílica de Guadalupe e mostra o bispo Zumárraga na frente de Juan Diego, Juan Gonzales e o bispo Fuenleal. Portanto, Nossa Senhora deve ter estado presente imediatamente atrás do bispo Zumárraga e de frente para os três homens, de pé diante dele, cujas imagens se refletiriam em seus olhos. Uma surpreendente revelação que a Providência reservou para ser descoberta pela ciência em uma época de incredulidade, quatro séculos depois! A demonstração científica das imagens do olho recebeu um apoio adicional no ano de 1963, quando alguns membros da Kodak de México S.A. anunciaram que a sagrada imagem era essencialmente fotográfica no original. Só restava aos cientistas determinar se era possível demonstrar fisicamente a origem sobrenatural da sagrada imagem.

Conseguiu-se um avanço nessa direção em maio de 1979, quando os cientistas norte-americanos de alto nível, o Prof. Philip Callahan da Universidade da Flórida e o Prof. Jody Smith de Pensacola, Flórida, motivados por recentes investigações sobre o Sudário de Turim, pegaram cerca de sessenta fotografias da sagrada imagem, muitas delas com radiações infravermelhas, com a finalidade de determinar se existia um esboço preliminar de algum artista sob a pintura.

Outras fotografias foram ampliadas por computadores e estudadas para se localizarem pistas sobre a origem da imagem. "Estou interessado em realizar o que William James disse há cem anos: unir a religião com a ciência", mencionou o Professor Smith no início de sua investigação. "Em nossa cultura, vivemos vidas que estão muito divididas por diversas categorias."

O Professor Callahan estava altamente qualificado para o trabalho: um professor fecundo em trabalhos científicos, assim como pintor experiente, fotógrafo e autoridade no campo das radiações infravermelhas, especialmente no campo de seus efeitos nas moléculas. O Professor Jody Smith, um metodista, que anteriormente já havia recebido permissão para estudar a sagrada imagem, decidiu que o Professor Callahan seria o cientista ideal para assisti-lo em sua investigação.

A fotografia infravermelha é o último e mais compreensível método para se estudarem as pinturas e os documentos antigos e determinar sua derivação histórica, seu método de composição e sua validade. Pelo fato de os pigmentos variarem de acordo com sua maneira de refletir a luz infravermelha, esse sistema fotográfico é capaz de descobrir pinturas sobrepostas ou alterações. Converteu-se em um instrumento científico padrão na área de investigação de arte. A penetrante longitude de ondas da luz infravermelha pode, através de uma superfície envernizada ou de uma camada de pó, expor a pintura original que se encontra debaixo e ainda determinar a natureza do fundo sobre o qual ela está. "Nenhum estudo sobre um trabalho de arte pode ser considerado completo" – afirmou o Prof. Callahan em sua entrevista seguinte –, "até que se tenham utilizado as técnicas de fotografias infravermelhas. Portanto, nenhum estudo científico válido estará completo sem a referida análise".

Os estudos sobre a tilma realizaram-se no dia 7 de maio de 1979, desde às 9 horas da manhã até a meia-noite, na presença de um bispo, um policial e vários operários. "Nunca seremos capazes de compreender o manto" – admitia previamente o Prof. Jody Smith –, "mas a maneira de se tentar é buscando-se todos os modos possíveis de investigações".

Os resultados de sua minuciosa pesquisa resumem-se como se segue:

A pintura que data de 1531 não pode ser explicada cientificamente.

É inexplicável a claridade de suas cores e a preservação de seu brilho no passar dos séculos. Definitivamente, não está presente na sagrada imagem qualquer esboço anterior, pasta ou verniz protetor. Sem a pasta, a tilma teria se deteriorado há vários séculos; sem o verniz protetor, a pintura teria se arruinado há muito tempo devido a sua prolongada exposição à fumaça das velas e a outros fatores de contaminação, como já referimos anteriormente. Em uma enorme ampliação, a imagem não mostra sinais detectáveis de gretas e de palidez de cores, "um fato inexplicável depois de 450 anos de existência". Lupas poderosas também revelaram outro fato surpreendente, o de que o tecido rudimentar da tilma foi utilizado deliberadamente de maneira precisa, para oferecer dimensão ao rosto da imagem. "Parecerá estranho que um cientista diga isso", concluiu o Professor Callahan, " no que me diz respeito, porém, a pintura original é milagrosa".

Callahan reconhece que o rosto da Virgem é uma obra-prima de expressão artística. Sua aparência sutil e seu simples desenho e a tonalidade de cores a colocam em uma classe única e própria. As fotografias de aproximação infravermelha mostram que não existem marcas e a ausência de pasta se faz patente nos numerosos espaços vazios visíveis na tela. "Tal fenômeno é fantástico", concluiu o Dr. Callahan.

Os cientistas concordaram em que a sublime face da Virgem tem uma aparência quase que de vida, especialmente na área ao redor da boca, onde um pequeno fio que está mais saliente sobre o tecido continua perfeitamente o caminho para o início do lábio, dando-lhe um aspecto tridimensional. Efeitos semelhantes aparecem sobre as bochechas, esquerda e direita, e embaixo do olho direito. O Professor Callahan achou que era impossível para qualquer pintor humano ter selecionado uma tilma com as imperfeições precisas, em seu tecido, colocadas de tal forma que acentuassem as sombras e os toques de luz para transmitir tal realismo.

Os dois cientistas estavam particularmente impressionados pelo fato de que uma tela tão rústica causasse refrações de luz.

Quando se observa de perto, o rosto e as mãos são de uma cor acinzentada que gradualmente se transforma em uma cor esverdeada quando a pessoa vai se afastando, um artifício impossível para qualquer pintor humano. "Encontramos o mesmo efeito na natureza", diz o Professor Callahan, "quando as cores se mudam sob ângulos diferentes, como com a plumagem dos pássaros, as listas das borboletas, as asas dos besouros e escaravelhos de cores brilhantes".

A túnica rosada e, especialmente, o manto azul da Virgem merecem um estudo mais cuidadoso, já que todos os pigmentos conhecidos que se pudessem utilizar para produzi-los já haveriam se esvanecido há muito tempo e os calorentos verões mexicanos teriam acelerado esse processo.

Entretanto, as cores permanecem brilhantes e frescas como se acabassem de ser pintadas. Descobriu-se que a cor rosa da túnica era transparente à luz infravermelha e isso esclareceu outro mistério. A maioria dos pigmentos rosados são opacos à luz infravermelha, mas não existe nenhum vestígio na imagem dos poucos pigmentos que não são opacos.

Apesar de todo o valor de seus estudos, o Professor Callahan parece ter cometido um equívoco ao afirmar que as áreas que foram retocadas no passado eram realmente acréscimos pintados, realizados na imagem, um século depois de seu aparecimento. Entretanto, como comprova a sagrada imagem de Lepanto, essa teoria é insustentável. Inspeções visuais meticulosas realizadas na imagem por um grande número de pessoas experientes, em um passado recente, especialmente a que o Dr. Charles J. Wahlig O.D. realizou na noite de 5 de setembro de 1975, demonstram claramente que as áreas que o Dr. Callahan afirma serem pinturas adicionais acrescentadas ao original são unicamente coberturas pintadas.

Por isso, um resplendor branco original pode ser visto embaixo da luminosa folha de ouro dos raios, e uma lua original, de tamanho muito menor, é apenas visível sob a atual lua crescente, que foi aplicada com pintura prateada que, entretanto, se transformou em negra e continua dessa maneira.

O rosto e as mãos foram pintados com cores mais escuras. As mãos foram reduzidas, ao que parece, para que Nossa Senhora parecesse mais uma mexicana, e o sinal de uma cor mais clara na pele pode ser observado só com uma poderosa lente. Também o olho esquerdo foi retocado com toda a segurança depois de 1923, já que um exame cuidadoso, realizado nas fotografias tomadas naquele ano, mostra três reflexos no olho, tão claros como os do olho direito. Aparentemente, o sombreamento dessas imagens no olho esquerdo foi causado pelo pintor, quando delineou as bordas da pálpebra.

"Estudar a imagem", declarou o Dr. Callahan, "foi a experiência mais motivadora de minha vida. Só o fato de estar perto dela me fez sentir a mesma estranha sensação que outros experimentaram ao trabalhar com o Sudário de Turim". E continuou: "Creio nas explicações lógicas até certo ponto. Não existe, porém, uma explicação lógica para a vida. Pode desintegrar a vida em átomos? Mas o que se segue depois? Mesmo Einstein afirmou que só Deus".

Antes de terminar esta História sobre Guadalupe, não podemos deixar de nos perguntar: "Qual é o significado da sagrada imagem para nosso mundo atual, saturado de pecados e ameaçado por uma guerra nuclear? Por que se prolongou inexplicavelmente por quatrocentos e cinquenta anos a curta duração de vida do tecido daquela espécie de cacto de que é feita a tilma? Por que o delicado material resistiu às ondas de milhões de mãos e velas, quando a própria rocha da Gruta de Lourdes teve de se render? Por que a "feroz mordida" de ácido nítrico não conseguiu destruir o mais frágil dos tecidos? Sobretudo, porém, por que sua mão divina se interpôs no ano de 1921 entre a indefesa tilma e a explosão de uma poderosa bomba que detonou justamente sob ela?

Se a resposta é simplesmente o desejo de Nossa Senhora de perpetuar sua sagrada imagem entre os povos do hemisfério oeste, novamente devemos perguntar-nos por quê! Tem Ela algum propósito predestinado para os americanos, talvez o de lhes assegurar sua máxima proteção e segurança, como o acreditava o papa Pio XII?

Sabemos que o demônio agora está comprometido em uma última batalha com a Senhora, que está destinada a lhe esmagar a cabeça. O próximo triunfo de Maria foi anunciado aos 13 de julho em Fátima: "No final, triunfará o meu Coração Imaculado!" Antes, porém, que seja consumado esse triunfo, que desejamos com toda a devoção, Ela nos advertiu que o inimigo intensificará seu ataque, quando se aperceber que seu tempo estará chegando ao fim.

Em todos os lados, percebemos evidências da guerra feroz que está sendo provocada pelos poderes do inferno contra a Senhora e seus filhos.

Basta lembrar o selvagem ataque contra a "Pietà", de Michelangelo, por um homem que gritava: "Eu sou o diabo!", ou o blasfemo ultraje feito à mesma Virgem de Guadalupe em 1972, quando um diretor de cinema norte-americano enganou o reitor do Santuário deliberadamente e fez com que seu grupo de atores e atrizes executasse rituais diabólicos e cenas pornográficas dentro do Santuário.

Tais sacrilégios infames são provas do terrível poder de Satã. "Todos estamos sob um obscuro domínio", advertiu o Papa Paulo VI em novembro de 1972, referindo-se à expansão do erro doutrinal, à adoração do diabo e do ocultismo. "É Satanás, o príncipe deste mundo, o inimigo número um!"

Existe um surpreendente paralelo entre nossa época e a da civilização asteca imediatamente antes das aparições de 1531. Antes, como agora, a sociedade está dominada pelo ateísmo, pelos excessos pagãos e pela imoralidade. Inumeráveis vítimas inocentes são sacrificadas vivas nos altares do aborto. Divindades falsas são abundantes em todos os lados. A poligamia e a depravação astecas rivalizam com o colapso moral, universal, de agora. Parece inevitável e iminente um confronto decisivo, como o que ocorreu em 1531.

Entretanto, nem tudo está perdido. A hora obscura desaparecerá inevitavelmente com o radiante amanhecer do triunfo de Nossa Senhora sobre a serpente. Uma pequena minoria cumpre a mensagem crucial de Fátima, de 1917, e através da oração persistente e de sacrifícios pessoais – como o das vigílias de reparação, todas as noites – esforça-se por remediar a terrível desproporção criada por tanta maldade.

Como em 1531, quando só um punhado de clérigos rezavam pela salvação, podemos confiar que, se os poucos piedosos de agora perseveram e suas fileiras se multiplicam, Nossa Senhora interferirá novamente e esmagará os poderes da escuridão com o brilho de sua presença.

Possivelmente este seja o significado fundamental da

sagrada imagem na Cidade de México. Há quatrocentos e cinquenta anos, a Mãe de Cristo, que também é nossa mãe, se também nos tornarmos realmente irmãos de seu Filho, deixou para nós um sinal tangível de esperança.Presenteou--nos com esse sinal, para que nos reconfortássemos durante a rebelião nacionalista de extensão mundial que surgiu contra Deus em séculos passados e que agora está alcançando seu terrível clímax. Mas... Do centro do continente americano resplandece um raio de confiança em um mundo de pesadelos, uma estrela entre a tormenta, uma Estátua de Liberdade sobrenatural sustentando a luz do mundo – a verdade que realmente dará ao homem a liberdade – e proclamando uma mensagem maravilhosa de esperança a todos os que caminham na escuridão:

"Eu sou sua Mãe de Misericórdia, a Mãe de todos os que vivem unidos nesta terra e de toda a humanidade, de todos aqueles que me amam, de todos aqueles que choram, de todos aqueles que confiam em mim. Aqui escutarei seu pranto e suas angústias, e aliviarei seus sofrimentos, necessidades e infortúnios. Não se angustiem ou se aflijam. Não temam nenhuma enfermidade ou desgosto, ansiedade ou dor. Não estou aqui Eu que sou sua Mãe? Vocês não estão sob minha sombra e proteção? Não sou Eu a fonte da vida? Não estão sob o abrigo de meu manto? Na dobra de meus braços? Há mais alguma coisa de que precisem?"

RESUMO CRONOLÓGICO DOS ACONTECIMENTOS

1531 — 9 de dezembro: Primeira e segunda aparições da Virgem Santíssima a Juan Diego em Tepeyac.

1531 — 10 de dezembro: Terceira aparição da Santíssima Virgem a Juan Diego em Tepeyac.

1531 — 12 de dezembro: Quarta aparição em Tepeyac; aparição da imagem milagrosa em presença do Bispo Zumárraga e aparição de Nossa Senhora em Tolpetlac a Juan Bernardino, que foi curado de uma sua enfermidade fatal.

1531 — Dezembro: A imagem é exposta na capela particular do Bispo, onde é venerada por milhares de astecas. Conclusão do primeiro pequeno Santuário em Tepeyac.

1531 — 26 de dezembro: Triunfante procissão com a sagrada imagem desde a Cidade de México até Tepeyac. Um mexicano, morto acidentalmente por uma flecha, ressuscita defronte a imagem.

1533 — Para abrigar a sagrada imagem é construída em Tepeyac uma Capela maior, conhecida como "La Segunda Ermita".

1539 — Conversão dos mexicanos: 8.000.000 de astecas abraçam a fé católica, como resultado imediato da aparição da sagrada imagem.

1544 —15 de maio: morte de Juan Bernardino com a idade de 84 anos em Tolpetlac.

1544 — Peregrinação de meninos a Tepeyac, a qual teve, como resultado imediato, o fim de uma praga mortal que havia matado só em México 12.000 pessoas.

1545 — Primeiro relato escrito por Dom Antonio Valeriano a respeito das aparições, o "Nican Mopohua".

1548 — Morte de Juan Diego com a idade de 74 anos em Tepeyac.

1556 — A terceira capela é construída em Tepeyac por Dom Alonso de Montufar, O.P., o segundo Arcebispo da Cidade de México.

1557 — O arcebispo de México estabelece canonicamente a verdade sobre as aparições.

1570 — Dom Alonso de Montufar, O.P., envia um inventário do arcebispado de México a Felipe II, Rei da Espanha, incluindo a Capela de Tepeyac. Na mesma ocasião, uma pintura da sagrada imagem enviada ao rei decide uma parte importante na Batalha de Lepanto.

1629 — Uma desastrosa inundação na Cidade de México afoga 30.000 habitantes. A sagrada imagem é conduzida à cidade por meio de uma procissão de barcos e permanece na Catedral até que as águas se abaixem.

1634 — 14 de maio: A sagrada imagem regressa a Tepeyac em uma enorme procissão de agradecimento que marcou o final da inundação.

1709 — Abril: Consagração solene da primeira Basílica de Nossa Senhora de Guadalupe em Tepeyac.

1736 — O México foi sacudido por uma praga de tifo que arrebatou 700.000 vidas.

1737 — 27 de abril: A praga termina quando Nossa Senhora de Guadalupe é proclamada a Padroeira do país. O dia 12 de dezembro é estabelecido como dia santo e feriado nacional.

1754 — 24 de abril: Em Roma, a Sagrada Congregação dos Ritos emite um Decreto aprovando Ofício e Missa para Nossa Senhora de Guadalupe.

1754 — 25 de abril: O papa Bento XIV emite um comunicado aprovando Nossa Senhora de Guadalupe como Padroeira do México e cita o Salmo 147: "Isso Ele não fez para nenhuma outra das Nações!"

1756 — Primeiro exame sério e real da sagrada imagem, realizado pelo excelente pintor Miguel Cabrera e outros artistas.

1777 — Iniciam-se os trabalhos na "Capela do Manancial" em Tepeyac, situada no lado leste da praça.

1791 — Milagrosamente, a imagem sagrada não fica danificada, quando o ácido nítrico, usado para limpar a moldura de ouro e prata, é derramado acidentalmente sobre o delicado tecido do retrato, deixando apenas uma ligeira mancha de água.

1802 — Ergue-se uma Capela em Cuautitlan, lugar do nascimento de Juan Diego.

1821 — No término da Guerra de Independência Mexicana,

o Imperador Augustin de Iturbide confia solenemente o país aos cuidados de Nossa Senhora de Guadalupe.

1890 — Restauração da Basílica de Nossa Senhora de Guadalupe.

1894 — O Papa Leão XIII aprova o novo Ofício e a Missa para Nossa Senhora de Guadalupe.

1895 — 12 de outubro: Primeira coroação da sagrada imagem autorizada pelo Papa Leão XIII.

1910 — 24 de agosto: O papa Pio X proclama Nossa Senhora de Guadalupe Padroeira da América Latina.

1921 — 14 de novembro: Outra demonstração milagrosa da sagrada imagem, quando uma bomba colocada por agentes do governo anticlerical explode debaixo Dela e nem sequer se trincou sua cobertura de vidro.

1929 — A silhueta de um homem refletida nos olhos da sagrada imagem é descoberta por Alonso Marcué Gonzales. Essa descoberta permanece sem explicação até 1960, por recomendação das autoridades do Santuário.

1933 — 12 de dezembro: Missa Pontifical Solene na Basílica de São Pedro, em Roma, com a presença do papa Pio XI, que reafirma a proclamação feita por Pio X de Nossa Senhora de Guadalupe como Padroeira da América Latina.

1945 — 12 de outubro: O papa Pio XII comemora o 50º aniversário da primeira coroação da sagrada imagem, com transmissão por rádio para os mexicanos.

1946 — Investigações mostram que o retrato de Nossa Senhora está isento de qualquer traço de pincel, indicando que não foi possível ser pintado.

1951 — O desenhista J. Carlos Salinas Chávez examina a sagrada imagem e descobre as imagens nos olhos.

1955 — Um jovem em Tolpetlac descobre a cruz de pedra que marca o lugar onde Juan Diego encontrou seu tio moribundo.

1955 — 11 de dezembro: Um anúncio pelo rádio confirma que a imagem do homem que se reflete nos olhos do retrato é, definitivamente, de Juan Diego.

1962 — O Dr. Charles J. Wahlig e esposa, de Nova York, descobrem mais duas imagens nos olhos do retrato, depois de estudarem uma fotografia do rosto da sagrada imagem ampliada vinte e cinco vezes. O Dr. Wahlig prova, cientificamente, por meio de experiências fotográficas a possibilidade de reflexão de tais imagens no olho humano.

1966 — 31 de maio: O papa Paulo VI envia uma "Rosa de Ouro" ao Santuário de Nossa Senhora de Guadalupe.

1975 — Translado da Sagrada Imagem da antiga Basílica, em perigo de se afundar, para um templo moderno bem próximo.

1979 — Janeiro: O papa João Paulo II visita o Santuário de Nossa Senhora de Guadalupe; é o primeiro Pontífice a fazê-lo.

1979 — Maio: Dois cientistas americanos examinam a sagrada imagem com raios infravermelhos. Sua reportagem confirma a natureza sobrenatural do retrato.

1981 — 450º aniversário das aparições: celebrações através de todo o México.

1992 — Beatificação de Juan Diego no dia 8 de setembro pelo papa João Paulo II.

ANEXO

A seguir, são informações colhidas em um bonito álbum, com muitas fotos coloridas, que é vendido aos turistas que visitam a Basílica de Guadalupe, na Cidade de México.

EXTREMADURA

De todas as regiões da Espanha, a Extremadura, "a terra além do Rio Duero", é a mais afastada do mundo moderno. Serras verdes correm para o sul através de suaves colinas salpicadas de rochas. Florestas e represas abrigam uma vida selvagem rara. As cidades com seus típicos bairros antigos têm um encanto muito romântico e bastante calmo. No inverno, as cegonhas fazem seus ninhos em torres e chaminés.
A Extremadura foi o berço de muitos conquistadores do Novo Mundo. Os tesouros que eles encontraram financiaram aqui várias construções. O Monastério de Guadalupe é o melhor exemplo dos laços com as Américas.

GUADALUPE

Guadalupe é uma cidade com cerca de 2.500 habitantes.
Essa cidade cresceu ao redor do Monastério de Guadalupe, da Ordem de São Jerônimo, e foi fundado em 1340.
Segundo uma lenda, um pastor encontrou ali uma imagem de madeira queimada da Virgem Maria, no início do século XIV.
O Monastério tornou-se esplêndido sob patrocínio real, adquirindo escolas de Gramática e de Medicina, três hospitais, uma importante farmácia e uma das maiores bibliotecas da Espanha.
Anexa ao Monastério, fica uma hospedaria do século XVI, onde a realeza pernoitava e que hoje é um hotel administrado pelos monges. O antigo hospital foi transformado em estaciona-

mento, onde há uma placa comemorativa da primeira dissecação humana que se realizou na Espanha, em 1402.

Na época dos descobrimentos, o Monastério era muito importante e em 1496 foi o local do batismo dos primeiros caribenhos nativos trazidos à Europa por Colombo.

Em 1808, o Monastério foi saqueado por Napoleão, mas foi reconstruído pelos Frades Franciscanos um século mais tarde. Hoje ainda é um importante centro do catolicismo visitado todos os anos por milhares de peregrinos de todas as regiões de língua espanhola do mundo.

As excursões começam sua caminhada nos museus, com iluminuras, vestimentas bordadas e artes. Continuam até o coro e a magnífica sacristia barroca, apelidada de "Capela Sistina Espanhola", por causa dos retratos de monges, de Zurbarán, pendurados nas paredes bastante decoradas.

Para muitos peregrinos, o ponto alto da romaria é beijar o manto da minúscula imagem da Virgem, que fica em um nicho atrás do altar. O claustro gótico é do século XVI.

A igreja tem uma grade magnífica, também do século XVI, forjada, em grande parte, com grilhões de escravos libertos.

Nos arredores de Guadalupe, estão as serras de Villuercas e Los Ibores, onde eram colhidas as ervas com as quais se faziam os remédios para a farmácia do mosteiro.

HISTÓRIA DA VIRGEM MARIA DE GUADALUPE

Juan Bernardino disse a seu sobrinho (Juan Diego) que a Santíssima Virgem Maria lhe havia ordenado que relatasse ao bispo de que maneira Ela o havia curado, assim como o informasse que sua preciosa imagem esmagaria a serpente. Em outras palavras, que extinguiria a religião idólatra dos mexicanos pagãos.

O bispo não conhecia o idioma dos índios e ouviu (Juan Bernardino) pronunciar *Santa Maria de Coatlaxopeu*, que a seus ouvidos soou como sendo *Santa Maria de Guadalupe*.

Existindo na Espanha um famoso templo que tem esse nome, o bispo pensou que, por qualquer razão desconhecida, Ela (a Virgem Maria) havia escolhido esse mesmo nome para seu templo mexicano; por isso, ela tem sido venerada com esse nome por mais de quatro séculos.

A TILMA DE JUAN DIEGO

A tilma sobre a qual se acha a imagem da Santíssima Virgem é tecida a mão, com fibras de uma espécie de cacto, chamado maguei. Esse tecido normalmente tem uma duração de vinte anos. Mede cerca de 2 m de comprimento e cerca de 1 m de largura e tem uma costura no centro (de alto a baixo).

A IMAGEM DA SANTÍSSIMA VIRGEM

Diretamente sobre esse tecido grosseiro, está a estranhamente delicada imagem de Nossa Senhora, que por sua vez mede cerca de 1,30 m de altura. Essa imagem da Virgem é seu único retrato autêntico e tem permanecido nítido e encantador por mais de quatro séculos. Pode ser vista e venerada na Basílica de Nossa Senhora de Guadalupe, na Cidade de México, onde ocupa o lugar de honra sobre o altar principal.

AS CAPELAS

No dia 26 de dezembro, duas semanas depois de sua aparição, a imagem da Santíssima Virgem foi transferida da capela particular do bispo, em México, para a pequena capela ao pé da Colina de Tepeyac. Milhares de índios jubilosos e muitos nobres espanhóis formaram a procissão, cheia de colorido.

Em 1533, foi construída em Tepeyac, para abrigar a sagrada imagem, uma Capela maior que ficou conhecida como *La Segunda Ermita*.

Em 1556, foi construída a terceira Capela em Tepeyac, pelo segundo Arcebispo de México, Dom Alonso de Montufar, O.P.

Em 1667, construiu-se uma Capela na colina, para se comemorarem as três primeiras aparições: *La Iglesita del Pocito* ou *A Capela do Manancial*.

Em 1709, foi solenemente consagrada a primeira Basílica de Nossa Senhora de Guadalupe em Tepeyac, a *Basílica Velha* e nela se entronizou a imagem milagrosa.

Em 1975, a sagrada imagem é transladada da Antiga Basílica, em perigo de se afundar, para o templo moderno, bem próximo: é a *Basílica Nova*.

A "BASÍLICA VELHA"

Indubitavelmente, é uma das mais belas igrejas do hemisfério ocidental.

É construída de pedras e de rochas vulcânicas de cor vermelha. A fachada é adornada com estátuas de santos e com motivos em baixos-relevos retratando as aparições.

As torres dos campanários medem cerca de 33 m de altura e a cúpula cerca de 38 m. Tem cerca de 56 m de comprimento e cerca de 38 m de largura.

Tem três naves e oito grandes colunas sustentam o forro côncavo: são quinze domos e arcos.

A abóboda central divide-se em oito seções revestidas com mosaicos venezianos que representam as aparições e a transição do paganismo ao catolicismo.

Da cúpula central pende um grande candelabro. Sua armação suporta centenas de prismas de cristal, talhados a mão e 225 luminárias. Foi feito na Cidade de México e pesa duas toneladas.

Dois candelabros menores, de 150 luzes cada um, pendem sobre o presbitério. Dezesseis antigos lustres de prata pendem entre as colunas.

Seis enormes pinturas a óleo, executadas por pintores de renome e que representam acontecimentos na história de Guadalupe, revestem as paredes. O grandioso órgão tem 2.000 tubos, um pedal e 200 registros. Nas paredes, ao lado e atrás do altar principal, há 35 nichos semicirculares lindamente esculpidos em madeiras nobres. Os Cônegos os ocupam quando recitam ou cantam seus Ofícios e as Horas Canônicas. Sobre esses nichos, há cinco vitrais feitos em Munique. No presbitério, à esquerda, está o trono dourado do bispo.

O ALTAR

O altar central é feito de mármore branco de Carrara. Sobre ele está a tilma de Juan Diego, na qual apareceu a imagem da Santíssima Virgem.

Está dentro de três molduras: a primeira de ouro, cerca de 13 cm de largura; a segunda de prata, cerca de 13 cm; e a exterior, de bronze, cerca de 37 cm de largura. De cada lado da imagem e esculpidas em mármore branco estão as figuras, em tamanho natural, de Juan Diego e do bispo dom Frei Juan de Zumárraga.

A COROA

No dia 12 de outubro de 1895, com grande solenidade, a Santíssima Virgem de Guadalupe foi coroada por Decreto do Papa Leão XIII; no dia 12 de outubro de 1945, o papa Pio XII a proclamou "Imperatriz da América".

Sobre a moldura do quadro há sempre uma réplica da coroa que foi colocada no dia 12 de outubro de 1895.

A coroa original, feita em Paris, contém pedras preciosas, avaliadas em um milhão de pesos. As joias foram doadas pelas senhoras da Cidade de México.

No dia 12 de outubro de 1945, essa réplica foi dada à Santíssima Virgem, comemorando o 50º aniversário da primeira coroação e essa data foi solenemente comemorada pelo papa Pio XII, agraciando-a com o título de "Imperatriz da América". A réplica da coroa original foi feita na Cidade de México por 18 artistas que trabalharam sob a direção de um famoso artesão. Pesa cerca de 1,350 kg e contém muitas pérolas e pedras preciosas. As joias foram doadas pelos habitantes de México.

Há também outras coroas valiosas em ouro e prata doadas por trabalhadores e artesãos.

Há ainda Missa e Ofício especial no Missal e Breviário Romano, para o dia 12 de dezembro de cada ano e a Confraria de Nossa Senhora de Guadalupe é a mais antiga da América, pois data de 1578.

ORAÇÃO

Ó Mãe da América, Missionária Celestial do Mundo, que, desde o Santuário de Tepeyac, tens sido, por mais de quatro séculos, a Mãe e a Mestra dos Povos da América, sê também sua proteção e sua salvação!

Ó Maria Imaculada, aumenta o número de teus devotos, dá novo fervor a teus Prelados, aumenta a virtude de teus Sacerdotes e conserva sempre a fé profunda do povo.

Ouve, ó Maria, estes desejos, para apresentá-los a Cristo, em cujo nome e com o mais profundo amor filial, te bendizemos!

Aprovada por Mons. Guilherme Schulenburg Prado
Pároco de Guadalupe e Delegado Apostólico

BIBLIOGRAFIA

Os seguintes volumes modernos são de particular importância e foram selecionados dentre a vasta bibliografia que existe sobre Guadalupe.

BEHRENS, HELEN. *El Tesoro de América, La Virgen de Guadalupe.* Impresso em México, Caixa Postal 26732, México 14 D.C., 1964.
_____. *La Señora y la Serpiente.* Idem, 1966.
BURLAND, C. A. *Arte y Vida en el México Antiguo".* Oxford, 1947.
DEMAREST, DONALD e TAYLOR, COLEY. *La Virgen Morena, El Libro de Nuestra Señora de Guadalupe.* Uma antologia documentada, Academy Guild Press, 1959.
DYAL, PAUL. *Emperatriz de América.* Um folheto para o peregrino, Auto Viajes Internacionales, 1959.
KEYES, FRANCES PARKNSON. *La Gracia de Guadalupe.* Nova York, 1941.
LEE, REVEREND GEORGE. *Nuestra Señora de Guadalupe.* Publicado em 1896.
RAHN, REVEREND HAROLD. *No estoy yo aqui?* A. M. I. Press, Washington N.J., 1963.
TAYLOR, COLEY. *Nuestra Señora de las Américas.* Colúmbia, dezembro de 1958.
TRAPPIST ABBEY MONKS. *Nuestra Señora de Guadalupe: la Esperanza de América.* Lafayette, Oregon.
VAILLANT, G.C. *Astecas de México.* Pelican Books, 1965.
WAHLIG, DR. CHARLES. *Manual sobre Guadalupe.* Prensa Franciscana de Marytown, 1974.
_____. *Juan Diego.* Prensa Franciscana de Marytown, 1972.
WHITE, JON MANCHIP. *Cortés y la caída del Imperio Azteca.* Hamilton, 1971.

Este livro foi composto com as famílias tipográficas Times e Times New Roman
e impresso em papel Offset 70g/m² pela **Gráfica Santuário.**